【精选点评版】
曾国藩家书

曾国藩 ◎ 著
王　刚 ◎ 注评

中国画报出版社·北京

图书在版编目（CIP）数据

曾国藩家书精选点评版/（清）曾国藩著；王刚注评.—北京：中国画报出版社，2016.7（2021.1重印）
ISBN 978-7-5146-1321-6

Ⅰ.①曾… Ⅱ.①曾… ②王… Ⅲ.①曾国藩（1811~1872）-书信集 ②《曾国藩家书》-译文 ③《曾国藩家书》-注释 Ⅳ.①K827=52

中国版本图书馆CIP数据核字（2016）第137287号

曾国藩家书精选点评版　　　　　　　　　曾国藩　著　王刚　注评

出 版 人：于九涛
责任编辑：张文杰
助理编辑：李晓东
责任印制：焦　洋
出版发行：中国画报出版社
　　　　　（中国北京市海淀区车公庄西路33号　邮编：100048）
开　　本：32开（880mm×1230mm）
印　　张：8
字　　数：150千字
版　　次：2016年7月第1版　2021年1月第3次印刷
印　　刷：金世嘉园（唐山）印务有限公司
定　　价：48.00元

总编室兼传真：010-88417359　版权部：010-88417359
发 行 部：010-88417360　010-68414683（传真）

前 言

史书记载曾国藩其人，三绺长髯，卧蚕眉，三角眼，说话不疾不徐。《清史稿·曾国藩传》云："国藩为人威重，美须髯，目三角有棱""中兴以来，一人而已"。

看过两张曾国藩晚年的画像，相同的是脸型瘦削、眼神深邃、目光冷漠，像深潭，像树皮，像枯井，表面平静，内心隐忍。不同之处在于，身着官服的那张，饱受中国官场文化长期浸淫，深不可测，细看似有一丝难言的无奈和凄楚；身着常服的那张，似一位不怒自威的夫子，又似一位菩萨心肠的郎中。

喜欢他的人，说他"立德立功立言三不朽，为师为将为相一完人"。不齿他的人则称他"曾剃头""曾屠户""卖国贼""刽子手"。民主革命家章太炎综合了以上两种评价，认为曾国藩"誉之则为圣相，谳之则为元凶"。中国历史上，从未有人如他一般，生前身后，争议与矛盾如此集中地体现在一个人身上。

事实上，曾国藩本人的确是一个矛盾的集合体，他从"三十一二，聪明大开"之后，仿佛一下号准了大清帝国的脉，以一己之力挽危局于狂澜。但正如现代医学之于癌症的局限性一样,有人说他是个"体制内的改革家",终生在一个死棋局里博弈,挣扎而无奈。这样的环境,造就了他矛盾的思想与处事方式。他的为官之道,既原则分明又现实圆通,既保守中庸又锐意进取。他的经济生活,既"清"又"浊",以"浊"为表,以"清"为里。他的家庭教育,既希望子孙后代能够出人头地、封王拜相,又希望其耕读传家,不愿代代得富贵,但愿代代有秀才。"经得起多大诋毁,就受得起多大赞美",恰恰是这种矛盾性,给了后人无数常读常新的瞬间与感悟。

"上相南征策众材,军容十万转风雷。书生却进安民策,盗弄潢池事可哀。"曾国藩送别唐镜海先生的诗,更像是自己一生的写照。如果我们能够把曾国藩叮嘱兄弟子侄的唠叨啰唆,与"烽火连三月,家书抵万金"的时代背景联系起来,对他的敬畏之心难免会多出几分。

二百多年来,人们对曾国藩的评价从无定论。一生读书不辍的曾国藩,行将就木之际,一再嘱人写上"不信书,信运气;公之言,告万世"的墓志铭。曾国藩带着"名已裂矣,亦不复深问"的心情,孤绝地走向历史为他安排好的结局。任是万千繁华,难掩一抹凄凉。

"自胜"比"胜人"难。《道德经》上说:胜人者有力,自胜者强。能凭借蛮力战胜他人,不足为喜。能以坚强意志战胜自己,才是真强者。抛却对曾国藩的政治评判,曾国藩能够走出个人的小天地,得以走进历史的大视野,无疑是战

前言

胜"自己"这一人生劲敌的真强者。

想要探寻一个人不为人知的心曲,莫过于读他的日记、私信。这个春暖花开的杏月里,长夜辗转,我重读《曾文正公家书》,心有戚戚而泫然久之,替他叫好加劲,又替他累;替他揪心,又替他不值。思索日深,便试图将曾国藩作为儒家传统士大夫家国情怀中承载家与国联系的"家书"作一番演绎。

曾国藩毕生将克己问学的修身之道落实在日常行为之中,上承王阳明的"知行合一"观,下启"实事求是"的做事态度。本书精选曾国藩一百封家书,从"做人、做事、做官、做学问、养生"五个角度解读曾国藩内圣外王的实践观,正如笔者在一篇文章里所言:读书或者旅行,写作或者生活,心灵或者身体,总要有一个在路上。获得自己内心的安宁,指引过哪怕一个用心活过的人生,抚慰过哪怕一颗疲惫的心灵,都是一件值得拍手称快的事。我愿做灰烬里的一束光,温暖这处于兴衰交替的低谷里苦苦挣扎的灵魂。

码字犹如码砖,障目之叶难免。学力不逮之处,"幸海内大雅君子,矜其意而教正之,则幸矣"。本书写作过程中,阅读并参考了大量书籍史料,在此一并致谢。

丙申年仲春于鲁西勤忍斋

做人篇	1
禀父母：兄弟和小户必兴	3
致温弟、沅弟：君子但知有悔，小人时时求全	7
致诸弟：无故怨天天不许，无故尤人人不服	19
致诸弟：无实而享大名，必有奇祸	23
致沅弟：诚愚、强毅、沉稳	26
致沅弟：长傲多言，凶德致败	30
致沅弟：约旨卑思，脚踏实地	33
致诸弟：和气致祥，乖气致戾	36
致沅弟、季弟：戒傲戒惰	40
致澄弟：去骄惰，不讥人短，不晏起	43
致诸弟：八字三不信，八本三致祥	46
致澄弟：莫学富贵人家礼厚情薄	49
致诸弟：以劳、谦、廉三字自惕	51
致沅弟、季弟：刚柔互用，不可偏废	55
谕纪泽：可法王、陶襟韵萧洒	57
致澄弟：为先人留遗泽，为后人惜余福	60
致沅弟：花未全开月未圆	62
致沅弟：以方寸为严师	65

谕纪泽、纪鸿：慎独、主敬、求仁、习劳 …………… 68
致沅弟：求强在自修处，不在胜人处 ………………… 75

处世篇 ………………………………………………… 79
致温弟：家人天亲之地，亦须委曲以行 ………………… 81
致诸弟：凡事皆贵专 ……………………………………… 84
致诸弟：不可占人便宜，不可轻取人财 ………………… 87
致诸弟：面不露得意声色，心必存哀矜意思 …………… 90
致诸弟：毋买田，略积钱 ………………………………… 93
致诸弟：若非道义可得，不可轻受 ……………………… 97
致沅弟：危疑震撼之际，愈当澄心定虑 ………………… 100
致沅弟：成大事须规模远大、综理密微 ………………… 103
致沅弟：脚踏实地，克勤小物 …………………………… 106
致沅弟：适意时尽心竭力，做成局面 …………………… 109
致诸弟：祸福由天，善恶由人 …………………………… 113
致诸弟：每遇得意之时，即有失意之事 ………………… 116
致沅弟：默存一悔字，无事不可挽回 …………………… 119

从政篇 ………………………………………………… 123
致诸弟：不肯以做官发财，不肯留银钱与后人 ………… 125
致诸弟：尽忠报国，不顾身家之私 ……………………… 130
致诸弟：功名之地，自古难居 …………………………… 135
致澄弟：藏身匿迹，不露圭角 …………………………… 138
致沅弟：用兵以暇，识世以浑 …………………………… 140
致沅弟：居官带勇以耐烦为第一要义 …………………… 144

致沅弟：不轻进人，不妄亲人 …………………… 147
致沅弟：办大事以多选替手为第一义 …………… 149
致沅弟、季弟：有才无德者，不没其长，稍远其人 …… 151
致澄弟：若远若近，不亲不疏 …………………… 153
致沅弟：无应酬馈赠，一步不可行 ……………… 155
谕纪鸿：进身之始，务知自重 …………………… 157
致沅弟：招之即来，麾之即去 …………………… 159
致沅弟：从波平浪静处安身 ……………………… 161
致沅弟：乱世处大位乃人生之大不幸 …………… 163

为学篇 165

禀祖父母：最坏之处，在于不知艰苦 …………… 167
致诸弟：为学譬如熬肉，用功譬若掘井 ………… 172
致诸弟：读书在格物、诚意 ……………………… 178
致诸弟：读书要有志、有识、有恒 ……………… 184
致诸弟：但拜明师，勿交损友；经以穷理，史以考事 … 190
致诸弟：绝大学问即在家庭日用之间 …………… 199
致诸弟：为学应力除傲气，力戒自满 …………… 203
致诸弟：学问之道，贵在有恒 …………………… 206
致诸弟：诗之为道，门径不同 …………………… 210
致诸弟：步步前行，日日不止 …………………… 214

养生篇 219

致沅弟：抑郁怨尤非养德保身之道 ……………… 221
谕纪泽：不服医生所开方药 ……………………… 225

致沅弟：去忿欲以养体，存倔犟以励志 …………… 227

致沅弟：先有豁达光明之识，后有恬淡冲融之趣 ……… 229

谕纪泽：夜饭不荤乃亦养生崇俭之道 …………… 232

谕纪泽：养生之道尽其在我，寿命长短尽其在天 ……… 235

谕纪泽、纪鸿：在家莳养花竹，出门饱看山水 ………… 238

致澄弟：养生五事 ……………………………… 241

致澄弟、沅弟：养生六事 ……………………… 244

做人篇

禀父母 | 兄弟和小户必兴

男国藩跪禀父母亲大人万福金安：

正月十七日，男发第一号家信，内呈堂上信三叶，复诸弟信九叶，教四弟与厚二从汪觉庵师，六弟、九弟到省从丁秩臣，谅已收到。二月十六日接到家信第一号，系新正初三交彭山屺者，敬悉一切。

去年十二月十一，祖父大人忽患肠风，赖神灵默佑，得以速痊，然游子闻之，尚觉心悸。六弟生女，自是大喜。初八日恭逢寿诞，男不克在家庆祝，心尤依依。

诸弟在家不听教训，不甚发奋，男观诸弟来信，即已知之。盖诸弟之意，总不愿在家塾读书。自己亥年男在家时，诸弟即有此意，牢不可破。六弟欲从男进京，男因散馆去留未定，故比时未许。庚子年接家眷，即请弟等送，意欲弟等来京读书也，特以祖父母、父母在上，男不敢专擅，故但写诸弟，而不指定何人。迨九弟来京，其意颇遂，而四弟、六弟之意尚未遂也。年年株守家园，时有耽搁，大人又不能常在家教之；近地又无良友，考试又不利。兼此数者，怫郁难申，故四弟、六弟不免怨男。其可以怨男者有故：丁酉在家教弟，威克厥爱①，可怨一矣；己亥在家，未曾教弟一字，可怨二矣；临进京不肯带六弟，可怨三矣；不为弟另择外傅，仅延丹阁叔教之，拂阙本意，可怨四矣；明知两弟不愿家居，而屡次信回，劝弟寂守家塾，可怨五矣。惟男有可怨者五端，故四弟、六弟难免内怀隐衷，前此含意不申，故从不写信与男，去腊来信甚长，则尽情吐露矣。

男接信时，又喜又惧。喜者，喜弟志气勃勃不可遏也；惧者，惧男再拂弟意，将伤和气矣。兄弟和，虽穷氓小户必兴；兄弟不和，虽世家宦族必败。男深知此理，故禀堂上各位大人俯从男等兄弟之请。男之意，实以和睦兄弟为第一。

九弟前年欲归，男百般苦留，至去年则不复强留，亦恐拂弟意也。临别时，彼此恋恋，情深似海。故男自九弟去后，思之尤切，信之尤深，谓九弟纵不为科目中人，亦当为孝弟中人。兄弟人人如此，可以终身互相依倚，则虽不得禄位，亦何伤哉！

恐堂上大人接到男正月信必且惊而怪之，谓两弟到衡阳，两弟到省，何其不知艰苦，擅自专命？殊不知男为兄弟和好起见，故复缕陈一切，并恐大人未见四弟、六弟来信，故封还附呈。总愿堂上六位大人俯从男等三人之请而已。

伏读手谕，谓男教弟宜明言责之，不宜琐琐告以阅历工夫。男自忆连年教弟之信不下数万字，或明责，或婉劝，或博称，或约指，知无不言，总之尽心竭力而已。

男妇孙男女身体皆平安，伏乞放心。

男谨禀

道光二十三年二月十九日

【注释】

①威克厥爱：威严超过了宠爱。语出《尚书》："威克厥爱，允济；爱克厥威，允罔功。"以威胜爱，就会成功；以爱胜威，就会失败。

【点评】

《曾国藩家书》不同于其他家书，其中有很大一部分信是写给诸弟的。曾国藩曾说，他把教育兄弟作为自己尽孝的方式。但是，弟弟们未必领情，甚至在信中说："月月书信，徒以空言责弟辈，却又不能实有好消息，令堂上阅兄之书，疑弟辈粗俗庸碌，使弟辈无地自容。"

曾国藩深知家和万事兴的道理。他在写给父母的信中说："夫家和则福自生，若一家之中，兄有言而弟无不从，弟有请兄无不应，和气蒸蒸而家不兴者，未之有也；反之而不败者，亦未之有也。"魏文帝曹丕曾命曹植作七步诗："煮豆持作羹，漉豉以为汁。萁向釜下燃，豆在釜中泣。本自同根生，相煎何太急。"本是同根而生，何必相残相逼？现实中，兄弟之间朝夕相处，往往因为日常小事、利益纠葛而相互反目，曾国藩与诸弟的相处之道颇值得借鉴。

"兄弟同心，其利断金。"那么推及整个家庭，父子、夫妻、兄弟、妯娌之间，如果能够和睦相处，则家族一定会兴盛。

致温弟、沅弟 | 君子但知有悔，小人时时求全

六弟、九弟左右：

三月八日接到两弟二月十五所发信，信面载第二号，则知第一号信未到。比去提塘追索，渠①云并未到京，恐尚在省未发也。以后信宜交提塘挂号，不宜交折差手，反致差错。

来书言自去年五月至十二月，计共发信七八次。兄到京后，家人仅检出二次：一系五月二十二日发，一系十月十六日发。其余皆不见。远信难达，往往似此。

腊月信有"糊涂"字样，亦情之不能禁者。盖望眼欲穿之时，疑信杂生，怨怒交至。惟骨肉之情愈挚，则望之愈殷；望之愈殷，则责之愈切。度日如年，居室如圜墙，望好音如万金之获，闻谣言如风声鹤唳；又加以堂上之悬思，重以严寒之逼人。其不能不出怨言以相詈②者，情之至也。然为兄者观此二字，则虽曲谅其情，亦不能不责之。非责其情，责

其字句之不检点耳。何芥蒂之有哉!

至于回京时有折弁南还,则兄实不知。当到家之际,门几如市,诸务繁剧,吾弟可想而知。兄意谓家中接榜后所发一信,则万事可以放心矣,岂尚有悬挂者哉?来书辨论详明,兄今不复辨。盖彼此之心虽隔万里,而赤诚不啻目见,本无纤毫之疑,何必因二字而多费唇舌!以后来信,万万不必提起可也。

所寄银两,以四百为馈赠族戚之用。来书云:"非有未经审量之处,即似稍有近名之心。"此二语推勘入微,兄不能不内省者也。又云:"所识穷乏得我而为之,抑逆知家中必不为此慷慨,而姑为是言。"斯二语者,毋亦拟阿兄不伦③乎?兄虽不肖④,亦何至鄙且奸至于如此之甚!所以为此者,盖族戚中有断不可不一援手之人,而其余则牵连而及。

兄己亥年至外家,见大舅陶穴而居,种菜而食,为恻然者久之。通十舅送我,谓曰:"外甥做外官,则阿舅来作烧火夫也。"南五舅送至长沙,握手曰:"明年送外甥妇来京。"余曰:"京城苦,舅勿来。"舅曰:"然。然吾终寻汝任所也。"言已泣下。兄念母舅皆已年高,饥寒之况可想,而十舅且死矣。及今不一援手,则大舅、五舅者又能沾我辈之余润乎?十舅虽死,兄意犹当恤其妻子,且从俗为之延僧,如所谓道场者,以慰逝者之魂而尽吾不忍死其舅之心。我弟我弟,以为可乎?

兰姊、蕙妹家运皆舛。兄好为识微之妄谈,谓姊犹可支撑，蕙妹再过数年则不能自存活矣。同胞之爱，纵彼无觖望⑤，吾能不视如一家一身乎？

欧阳沧溟先生夙债甚多，其家之苦况，又有非吾家可比者。故其母丧，不能稍隆厥礼。岳母送余时，亦涕泣而道。兄赠之独丰，则犹徇世俗之见也。

楚善叔为债主逼迫，抢地无门，二伯祖母尝为余泣言之。又泣告子植曰："八儿夜来泪注地，湿围径五尺也。"而田货于我家，价既不昂，事又多磨。尝贻书于我，备陈吞声饮泣之状。此子植所亲见，兄弟尝歔欷久之。

丹阁叔与宝田表叔昔与同砚席十年，岂意今日云泥隔绝至此！知其窘迫难堪之时，必有饮恨于实命之不犹者矣。丹阁戊戌年曾以钱八千贺我。贤弟谅其景况，岂易办八千者乎？以为喜极，固可感也；以为钓饵，则亦可怜也。

任尊叔见我得官，其欢喜出于至诚，亦可思也。

竟希公一项，当甲午年抽公项三十二千为贺礼，渠两房颇不悦。祖父曰："待藩孙得官，第一件先复竟希公项。"此语言之已熟，特各堂叔不敢反唇相稽耳。同为竟希公之嗣，而菀枯悬殊若此。设造物者一旦移其菀于彼二房，而移其枯于我房，则无论六百，即六两亦安可得耶？

六弟、九弟之岳家，皆寡妇孤儿，槁饿⑥无策。我家不拯之，则孰拯之者？我家少八两，未必遂为债户逼取；渠得八两，则举室回春。贤弟试设身处地，而知其如救水火也。

彭王姑待我甚厚，晚年家贫，见我辄泣。兹王姑已没，故赠宜仁王姑丈，亦不忍以死视王姑之意也。腾七，则姑之子，与我同孩提长养。各舅祖，则推祖母之爱而及也。彭舅曾祖，则推祖父之爱而及也。陈本七、邓升六二先生，则因觉庵师而牵连及之者也。

其余馈赠之人，非实有不忍于心者，则皆因人而及。非敢有意讨好沽名钓誉，又安敢以己之豪爽形祖、父之刻啬，为此奸鄙之心之行也哉？

诸弟生我十年以后，见诸戚族家皆穷，而我家尚好，以为本分如此耳，而不知其初皆与我家同盛者也。兄悉见其盛时气象，而今日零落如此，则大难为情矣。凡盛衰在气象，气象盛则虽饥亦乐，气象衰则虽饱亦忧。今我家方全盛之时，而贤弟以区区数百金为极少，不足比数。设以贤弟处楚善、宽五之地，或处葛、熊二家之地，贤弟能一日以安乎？凡遇之丰啬⑦顺舛，有数存焉，虽圣人不能自为主张。天可使吾今日处丰亨之境，即可使吾明日处楚善、宽五之境。君子之处顺境，兢兢焉常觉天之过厚于我，我当以所余补人之不足。君子之住啬境，亦兢兢焉常觉天之厚于我：非果厚也，以为较之尤音啬，而我固已厚矣。古人所谓境地须看不如我者，此之谓也。

来书有"区区千金"四字，其毋乃不知天之已厚于我兄弟乎？兄尝观《易》之道，察盈虚消息之理，而知人不可无缺陷也。日中则昃，月盈则亏，天有孤虚，地阙东南，未有常全而不缺者。"剥"也者，"复"之几也，君子以为可喜也。"夬"也者,"姤"⑧之渐也,君子以为可危也。是故既吉矣,则由吝以趋于凶;既凶矣,则由悔以趋于吉。君子但知有悔耳。悔者,所以守其缺而不敢求全也。小人则时时求全;全者既得,而吝与凶随之矣。众人常缺,而一人常全,天道屈伸之故,岂若是不公乎?今吾家椿萱重庆⑨,兄弟无故,京师无比美者,亦可谓至万全者矣。故兄但求缺陷,名所居曰求缺斋。盖求缺于他事,而求全于堂上。此则区区之至愿也。家中旧债不能悉清,堂上衣服不能多办,诸弟所需不能一给,亦求缺陷之义也。内人不明此意,时时欲置办衣物,兄亦时时教之:"今幸未全备,待其全时,则吝与凶随之矣。此最可畏者也。"贤弟夫妇诉怨于房闼⑩之间,此是缺陷,吾弟当思所以弥其缺而不可尽给其求,盖尽给则渐几于全矣。吾弟聪明绝人,将来见道有得,必且韪⑪余之言也。

至于家中欠债,则兄实有不尽知者。去年二月十六接父亲正月四日手谕,中云:"年事一切,银钱敷用有余。上年所借头息钱,均已完清。家中极为顺遂,故不窘迫。"父亲所言如此,兄亦不甚了了。不知所完究系何项?未完尚有何项?兄所知者,仅江孝八外祖百两、朱岚暄五十两而已。其余如耒阳本家之账,则兄由京寄还,不与家中相干。甲午冬借添梓坪钱五十千,尚不知作何还法,正拟此次察问祖父。此外账目,兄实不知。下次信来,务望详开一单,使兄得渐次筹画。如弟所云家中欠债千余金,若兄早知之,亦断不肯以四百赠人矣。如今信去已阅三月,馈赠族戚之语,不知乡党已传播否？若已传播而实不至，则祖、父受啬吝之名，我加一信，亦难免二三其德之诮。此兄读两弟来书，所为踌躇而无策者也。兹特呈堂上一禀，依九弟之言书之，谓朱啸山、曾受恬处二百落空，非初意所料；其馈赠之项，听祖、父、叔父裁夺。或以二百为赠，每人减半亦可；或家中十分窘迫，即不赠亦可。戚族来者，家中即以此信示之，庶不悖于过则归己之义。贤弟观之，以为何如也？

若祖、父、叔父以前信为是，慨然赠之，则此禀不必付归，兄另有安信付去。恐堂上慷慨持赠，反因接吾书而尼沮⑫。凡仁心之发，必一鼓作气，尽吾力之所能为。稍有转念，则疑心生，私心亦生。疑心生则计较多，而出纳吝矣；私心生则好恶偏，而轻重乖矣。使家中慷慨乐与，则慎无以吾书生堂上之转念也。使堂上无转念，则此举也，阿兄发之，堂上成之，无论其为是为非，诸弟置之不论可耳。向使去年得云贵、广西等省苦差，并无一钱寄家，家中亦不能责我也。

九弟来书，楷法佳妙，余爱之不忍释手。起笔收笔皆藏锋，无一笔撒手乱丢，所谓有往皆复也。想与陈季牧讲究，彼此各有心得，可喜可喜。然吾所教尔者，尚有二事焉。一曰换笔。古人每笔中间必有一换，如绳索然。第一股在上，一换则第二股在上，再换则第三股在上也。笔尖之着纸者仅少许耳。此少许者，吾当作四方铁笔用。起处东方在左，西方向右，一换则东方向右矣。笔尖无所谓方也，我心中常觉其方。一换而东，再换而北，三换而西，则笔尖四面有锋，不仅一面相向矣。二曰结字有法。结字之法无穷，但求胸有成竹耳。

六弟之信，文笔拗而劲，九弟文笔婉而达，将来皆必有成。但目下不知各看何书？万不可徒看考墨卷，汩没[13]性灵。每日习字不必多，作百字可耳。读背诵之书不必多，十叶可耳。看涉猎之书不必多，亦十叶可耳。但一部未完，不可换他部，此万万不易之道。阿兄数千里外教尔，仅此一语耳。

罗罗山兄读书明大义，极所钦仰，惜不能会面畅谈。

余近来读书无所得，酬应之繁，日不暇给，实实可厌。惟古文各体诗，自觉有进境，将来此事当有成就，恨当世无韩愈、王安石一流人与我相质证耳。贤弟亦宜趁此时学为诗、古文，无论是否，且试拈笔为之。及今不作，将来年长，愈怕丑而不为矣。每月六课，不必其定作时文也。古文、诗、赋、四六无所不作，行之有常，将来百川分流，同归于海，则通一艺即通众艺，通于艺即通于道，初不分而二之也。此论虽太高，然不能不为诸弟言之。使知大本大原，则心有定向，而不至于摇摇无着。虽当其应试之时，全无得失之见乱其意中，即其用力举业之时，亦于正业不相妨碍。诸弟试静心领略，亦可徐徐会悟也。

外附录《五箴》一首、《养身要言》一纸、《求缺斋课程》一纸，诗文不暇录，惟谅之。

兄国藩手草
道光二十四年三月初十日

五箴（甲辰春作）

序

少不自立，荏苒遂洎⑭今兹。盖古人学成之年，而吾碌碌尚如斯也，不其戚矣！继是以往，人事日纷，德慧日损，下流之赴，抑又可知。夫疢疾⑮所以益智，逸豫所以亡身，仆以中材而履安顺，将欲刻苦而自振拔，谅哉其难之与！作《五箴》以自创云。

立志箴

煌煌先哲，彼不犹人。藐焉小子，亦父母之身。聪明福禄，予我者厚哉！弃天而佚，是及凶灾。积悔累千，其终也已。往者不可追，请从今始。荷道以躬，舆之以言。一息尚活，永矢弗谖。

居敬箴

天地定位，二五胚胎。鼎焉作配，实曰三才。俨格斋明，以凝女命。女之不庄，伐生戕性。谁人可慢？何事可弛？弛事者无成，慢人者反尔。纵彼不反，亦长吾骄。人则下女，天罚昭昭。

主静箴

斋宿日观，天鸡一鸣。万籁俱息，但闻钟声。后有毒蛇，前有猛虎。神定不慑，谁敢余侮？岂伊避人，日对三军。我虑则一，彼纷不纷。驰骛半生，曾不自主。今其老矣，殆扰扰以终古。

谨言箴

巧语悦人，自扰其身。闲言送日，亦搅女神。解人不夸，夸者不解。道听途说，智笑愚骇。骇者终明，谓女实欺。笑者鄙女，虽矢犹疑。尤悔既丛，铭以自攻。铭而复蹈，磋女既耄。

有恒箴

自吾识字，百历洎兹。二十有八载，则无一知。曩之所忻，阅时而鄙。故者既抛，新者旋徙。德业之不常，曰为物牵。尔之再食，曾未闻或愆。黍黍之增，久乃盈斗。天君司命，敢告马走。

养身要言（癸卯入蜀道中作）

一阳初动处，万物始生时。不藏怒焉，不宿怨焉。右仁所以养肝也。

内有整齐思虑，外而敬慎威仪。泰而不骄，威而不猛。右礼所以养心也。

饮食有节，起居有常。作事有恒，容止有定。右信所以养脾也。

扩然而大公，物来而顺应。裁之吾心而安，揆之天理而顺。右义所以养肺也。

心欲其定，气欲其定，神欲其定，体欲其定。右智所以养肾也。

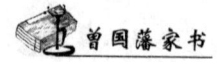

求缺斋课程（癸卯孟夏立）

读熟读书十叶。看应看书十叶。习字一百。数息⑯百八。记过隙影（即日记）。记茶余偶谈一则。右每日课。

逢三日写回信。逢八日作诗、古文一艺。右月课。

熟读书：《易经》、《诗经》、《史记》、《明史》、《屈子》、《庄子》、杜诗、韩文。

应看书不具载。

【注释】

①渠：第三人称，他、他们。

②詈：骂，责骂。

③不伦：指不伦不类，不相当，不相类。

④不肖：一指不才，不贤；二指品行不好，没出息。

⑤觖望：因不满意而怨恨；有意见。

⑥槁饿：谓穷困饥饿。槁，枯干，憔悴。

⑦丰啬：丰富与贫乏。

⑧剥、复、夬、姤：《易经》总计64卦，剥、复、夬、姤为其中的四卦。

⑨椿萱重庆：椿，即椿树，古人谓大椿长寿，盼望父亲像大椿一样长生不老。萱，即萱草，游子远行，常要在母亲居处种几株萱草，以免母亲惦念，让母亲忘记忧愁。"椿萱"常用以代指父母，父母健在称"椿萱并茂"，父母、祖父母健在称"椿萱重庆"。

⑩房闼：官闱，寝室，闺房。

⑪题：是，认可。

⑫尼沮：即沮尼，阻止。

⑬汩没：埋没。

⑭洎：到，及。

⑮疢疾：犹忧患。语出《孟子·尽心上》："人之有德慧术知者，恒存乎疢疾。"

⑯数息：数鼻息的出入，使心恬静专一。

【点评】

道光二十三年，曾国藩任四川乡试主考，来回程仪（路费）加上举人的谢师礼，让曾国藩手头松快不少。于是，曾国藩决定分两次给家里寄一千两银子——先寄四百两，余下六百两下次再托人带回。曾国藩在前信中说"以和睦兄弟为第一"，这封信里，兄弟几人却因财产分配引发矛盾，在家诸弟甚至以"鄙奸"称曾国藩。

相比其后来的战地书信，曾国藩此时期的信往往较长。曾国藩此时在翰林院任职，为官清廉，资金来源只有为数不多的月俸和年底的养廉银。即使后来，曾国藩身居高位，手握实权，他也坚持"乱世之名，以少取为贵"。曾国藩熟读易经，并从中悟出"盈亏"之理。基于此，他宁愿求缺而不求全。在他看来，"缺"是正道能长久，"全"属偶然稍纵即逝。为此他要求诸弟"君子守缺求全"。

曾国藩深知"天之道，损有余而补不足"的道理，在他看来："'淡泊'二字最好，淡，恬淡也；泊，安泊也。恬淡安泊，无他妄念也。此心多少快活！而趋炎附势，蝇头微利，则心智日益蹉跎也。"曾国藩最崇尚的一句话是"花未全开月未圆"，因而把自己的书斋命名为"求缺斋"。同治元年正月二十二日，慈禧为了拉拢曾国藩和他的湘军，命其节制四省并简授协办大学士，曾国藩在谢恩折中说："自去秋以来，臣一门之内迭荷殊恩，感激之余，继以悚惧。恳求于金陵未克以前，不再加恩于臣家，庶可以保全功名，永承圣眷。"而曾国藩生平最大的一次求缺是他在攻下天京城后，人生走向顶峰的时刻，通过主动削减湘军来减轻清廷的猜忌。

天地本不全，不追求完美使得曾国藩在官场中躲过了无数的明枪暗箭、急流险滩，得以在乱世之中保全自己和家人，这是他成功的一个重要原因。

致诸弟 | 无故怨天天不许，无故尤人人不服

澄侯、温甫、子植、季洪四弟足下：

　　日来京寓大小平安，癣疾又已微发，幸不为害，听之而已。湖南榜发，吾邑竟不中一人。沅弟书中言温弟之文典丽矞皇①，亦尔被抑。不知我诸弟中将来科名究竟何如？以祖宗之积累及父亲、叔父之居心立行，则诸弟应可多食厥报②。以诸弟之年华正盛，即稍迟一科，亦未遽为过时。特兄自近年以来，事务日多，精神日耗，常常望诸弟有继起者，长住京城，为我助一臂之力。且望诸弟分此重任，余亦欲稍稍息肩，乃不得一售，使我中心无倚。

　　盖植弟今年一病，百事荒废，场中又患眼疾，自难见长。温弟天分本甲于诸弟，惟牢骚太多，性情太懒，前在京华，不好看书，又不作文，余心即甚忧之。近闻还家以后，亦复牢骚如常，或数月不搦管③为文。吾家之无人继起，诸弟犹

可稍宽其责，温弟则实自弃，不得尽诿其咎于命运。

吾尝见友朋中牢骚太甚者，其后必多抑塞④，如吴枟台、凌荻舟之流，指不胜屈。盖无故而怨天，则天必不许；无故而尤人，则人必不服。感应之理，自然随之。温弟所处，乃读书人中最顺之境，乃动则怨尤满腹，百不如意，实我之所不解。以后务宜力除此病，以吴檀台、凌荻舟为眼前之大戒。凡遇牢骚欲发之时，则反躬自思：吾果有何不足，而蓄此不平之气？猛然内省，决然去之。不惟平心谦抑，可以早得科名，亦且养此和气，可以消减病患。万望温弟再三细想，勿以吾言为老生常谈，不值一哂⑤也。

王晓林先生在江西为钦差，昨有旨命其署江西巡抚。余署刑部，恐须至明年乃能交卸。袁漱六昨又生一女，凡四女已殇其二，又丧其兄，又丧其弟，又一差不得，甚矣！穷翰林之难当也！黄麓西由江苏引见入京，迥非昔日初中进士时气象，居然有经济才。

王衡臣于闰月初九引见，以知县用，后于月底搬寓下洼一庙中，竟于九月初二夜无故遽卒。先夕与同寓文任吾谈至二更，次早饭时，讶其不起，开门视之，则已死矣。死生之理，善人之报，竟不可解。

邑中劝捐弥补亏空之事，余前已有信言之。万不可勉强勒派。我县之亏，亏于官者半，亏于书吏者半，而民则无辜也。向来书吏之中饱，上则吃官，下则吃民，名为包征包解，其实当征之时，是以百姓为鱼肉而吞噬之；当解之时，则以官为雉媒而播弄之。官索钱粮于书吏之手,犹索食于虎狼之口。再四求之,而终不肯吐,所以积成巨亏。并非实欠在民,亦非官之侵蚀人己也。今年父亲大人议定粮饷之事,一破从前包征包解之陋风,实为官民两利,所不利者,仅书吏耳。即见制台留朱公,亦造福一邑不小,诸弟皆宜极力助父大人办成此事。惟损银弥亏,则不宜操之太急,须人人愿捐乃可。若稍有勒派,则好义之事,反为厉民之举。将来或翻为书吏所借口,必且串通劣绅,仍还包征包解之故智,万不可不预防也。

梁侍御处银二百,月内必送去,凌宅之二百,亦已兑去。公车来,兑五七十金,为送亲族之用,亦必不可缓,但京寓近极艰窘,此外不可再兑也。邑令既与我家商办公事,自不能不往还,然诸弟苟可得已,即不宜常常入署。陶、李二处,容当为书。本邑亦难保无假名请托者,澄弟宜预告之。书不详尽,余俟续具。

兄国藩手草

咸丰元年九月初五日

【注释】

①典丽矞皇:典丽,典雅华丽。语出汉代扬雄《太玄·交》:"物登明堂,矞矞皇皇。"矞皇,指美貌。

②多食厥报:都受些挫折。

③搦管:执笔。

④抑塞：心情忧郁，内气不通畅。
⑤哂：微笑，一笑了之。

【点评】

　　咸丰元年，皇帝恩科，湘乡士子在乡试中全军覆没，几个弟弟也无一中举，曾国藩的牛皮癣又发作了……多事之秋，诸般不顺，曾国藩写信告诫求取功名而不得的诸位弟弟，尤其是牢骚满腹的曾国华："无故而怨天，则天必不许，无故而尤人，则人必不服，感应之理，自然随之。"牢骚太多之人，日后必遭压抑阻塞。无故埋怨上天，上天必不允许，无故恨咎别人，别人必不服气，命运中的阻碍就越多，所有从自身发出去的负能量，最终都会反噬到自身。

　　怨天尤人者缺乏感恩心态，难以包容别人，最终落得天不许，人不悦，无异于自我诅咒。优秀的人从来不抱怨，因为他们知道一个人的心力有限，牢骚太盛的人把心力用在抱怨上，而平心谦抑的人却能百分之百地将心力投入到正事上，两相比较，优劣立判。

做人篇

致诸弟 | 无实而享大名，必有奇祸

澄侯、温甫、子植、季洪四位老弟足下：

十月二十五专人送信回家。魏荫亭归，又送一函。想先后收到。十一月二十一日，范知宝来九江，接澄弟信，具悉一切。

部、监各照已交朱峻明带归矣。树堂要功牌百张，又交荫亭带归。余送朱峻明途费二十金，渠本解船来，故受之。送荫亭二十金，渠竟不受，俟有便当再寄渠。江隆三表弟来营，余念母亲之侄仅渠有子，送钱四十千。渠买盐花带归，不知已到家否？荫亭归，余寄百五十金还家，以五十周济亲族，此百金恐尚不敷家用。军中银钱，余不敢妄取丝毫也。名者，造物所珍重爱惜，不轻以予人者。余德薄能鲜，而享天下之大名，虽由高曾祖父累世积德所致，而自问总觉不称，故不敢稍涉骄奢。家中自父亲、叔父奉养宜隆外，凡诸弟及吾妻吾子吾侄吾诸女侄女辈，概愿俭于自奉，不可倚势骄人。古人谓无实而享大名者，必有奇祸。吾常常以此儆惧，故不能不详告贤弟，尤望贤弟时时教戒吾子吾侄也。

塔、罗自田家镇渡至江北后，五获胜仗，九江对岸之贼遂下窜安徽境。余现泊九江河下，塔、罗渡江攻城。罗于二十一日与贼接仗，杀贼二三百，而我军亦伤亡四十余人。此在近数月内即是小有挫失，而气则未稍损也。

水师已下泊湖口，去我舟已隔六十里。二十夜，贼自江西小河内放火船百余号，实以干柴、桐油、松脂、火药，自上游乘风放下，惊我水营。两岸各千余人呐喊，放火箭、火毬。其战船放炮，即随火船冲出，欲乱我阵。幸我军镇守，毫不忙乱，反用小船梭穿于火船之中，攻入贼营，烧贼船十余号，抢贼划数十号。摇撼不动，是亦可喜之事。

余身体平安，癣疾近又大愈。胡须日长且多。军中将士俱平安。余不一一，即候近佳。并恳察告父亲大人、叔父大人福安。

兄国藩手草（书于九江舟次）
咸丰四年十一月二十三夜

【点评】

七月二十七日，曾国藩在给其诸弟的信中说："东南大局，在此数日内可定。"可见，此时曾国藩已经掌控全局，短时间内便可平定东南。究其一生，越是居功至伟、盛名日隆,越是谨慎。所以他说:"但愿官阶不再进,虚名不再张,常葆此以无咎,即是持身守家之道。"曾国藩求实修德、内圣外王,而又谦虚谨慎,这样才是实至名归。

今天,人们利用网络、电视、报纸大肆炒作,为自己制造"出彩"机会。但是,通过吹牛、做局、炒作,妄得的虚名,就像一个气球,一针即可扎破。《易经》上说:"暴得大名者,不祥。"获得超出掌控能力的声望与资源的,有殃。这样的人,为名所累,因名遭祸,屡见不鲜。倒不如踏踏实实做事,充实自己才是王道。

致沅弟 | 诚愚、强毅、沉稳

沅甫九弟左右：

十二月二十八日接弟二十一日手书，欣悉一切。

临江已复，吉安之克实意中事。克吉之后，弟或带中营围攻抚州，听候江抚调度；或率师随迪庵北剿皖省，均无不可。届时再行相机商酌。此事我为其始，弟善其终，补我之阙，成父之志，是在贤弟竭力而行之，无为遽怀归志也。

弟书自谓是笃实①一路人。吾自信亦笃实人，只为阅历世途，饱更事变，略参些机权作用，把自家学坏了。实则作用万不如人，徒惹人笑，教人怀恨，何益之有？近日忧居猛省，一味向平实处用心，将自家笃实的本质还我真面，复我固有。贤弟此刻在外，亦急须将笃实复还，万不可走入机巧一路，日趋日下也。纵人以巧诈来，我仍以浑含应之，以诚愚应之；久之，则人之意也消。若钩心斗角，相迎相距，则报复无已时耳。

至于强毅②之气，决不可无，然强毅与刚愎③有别。古语云自胜之谓强。曰强制，曰强恕，曰强为善，皆自胜之义也。如不惯早起，而强之未明即起；不惯庄敬，而强之坐尸立斋；不惯劳苦，而强之与士卒同甘苦，强之勤劳不倦：是即强也。不惯有恒，而强之贞恒，即毅也。舍此而求以客气胜人，是刚愎而已矣。二者相似，而其流相去霄壤，不可不察，不可不谨。

李云麟气强识高，诚为伟器，微嫌辩论过易，弟可令其即日来家，与兄畅叙一切。

兄身体如常。惟中怀郁郁，恒不甚舒邕，夜间多不成寐，拟请刘镜湖三爷来此，一为诊视。闻弟到营后，体气大好，极慰极慰。

九弟媳近亦平善。元旦至新宅拜年，叔父、六弟亦来新宅。余与澄弟等初二至白玉堂，初三请本房来新宅。任尊家酬完龙愿三日，因五婶脚痛所许，初四即散，仅至女家及攸宝庵，并未烦动本房。温弟与迪庵联姻，大约正月定庚。科四前耍包铳药之纸，微伤其手，现已痊愈。邓先生订十八入馆。葛先生拟十六去接。甲三姻事拟对筱房之季女，现尚未定。三女对罗山次子，则已定矣。刘詹严先生（绎）得一见否？为我极道歉忱。黄莘翁之家属近况何如？苟有可为力之处，弟为我多方照拂之。渠为劝捐之事呕气不少，吃亏颇多也。母亲之坟，今年当觅一善地改葬。惟兄脚力太弱，而地师又无一可信者，难以下手耳。余不一一,顺问近好,诸惟心照。

国藩手具

再,带勇总以能打仗为第一义。现在久顿坚城之下,无仗可打,亦是闷事。如可移扎水东,当有一二大仗开。第弟营之勇锐气有余,沉毅不足,气浮而不敛,兵家之所忌也,尚祈细察。偶作一对联箴弟云:打仗不慌不忙,先求稳当,次求变化;办事无声无臭,既要精到,又要简捷。贤弟若能行此数语,则为阿兄争气多矣。

国藩又行
咸丰八年正月初四夜

【注释】

①笃实:忠诚老实。

②强毅:刚强有毅力。

③刚愎:固执己见,不肯接受他人的意见。

【点评】

不熟悉曾国藩的人,都以为他是权谋家,许多托曾国藩之名的伪作又把曾国藩思想冠以厚黑学的噱头。实际上,曾国藩深知"天道忌巧",因此"去伪而崇拙",素以"拙诚"行事。曾国藩的搭档胡林翼曾说:"吾辈不必世故太深,天下惟世故深误国事耳。""破天下之至巧者以拙,驭天下之至纷者以静。"在曾国藩看来,当时清朝最可怕的不是太平军,而是人心陷溺、人欲横流。曾国藩以"此一二人者之心向义，则众人与之赴义"的价值观导向，挽救清王朝于一时。

曾国藩在信中提到强毅与刚愎的区别，而被后人认为"强毅之气"是他"挺经"的精髓。曾国藩身上有倔强的一面，但他在正直与圆滑之间选择了一条内外双修之路——持身以正，处世以方，对自己要求严格，对别人加以理解，由正己而正人，由治家而治国。他是谦谦君子，却不是懦弱迂腐的书生。他善于权衡官场关系，却不奴颜婢膝。

曾国藩的对联"打仗不慌不忙，先求稳当，次求变化；办事无声无臭，既要精到，又要简捷"被人们认为是"隐经"的要旨。曾国藩用兵讲究"扎硬寨，打死仗"的笨功夫，少有出奇制胜的战例，他作战"宁可数月不开一仗，不可开仗而毫无安排计算"。湘军每到一营，"无论风雨寒暑，队伍一到，立刻修挖墙壕"，墙壕挖不好，不能休息，更不许向太平军挑衅。曾国藩做人则讲求含糊厚重，绝不轻易暴露自己。什么事情，自己只会默默去做，而不是大张旗鼓甚至虚张声势。曾国藩藏锋露拙的"龙蛇伸屈之道"，在世道混乱之时更是一种自我保护和实现自我价值的生存之道。

致沅弟 | 长傲多言,凶德致败

沅甫九弟左右:

初三日,刘福一等归,接来信,借悉一切。

城贼围困已久,计不久亦可攻克。惟严断文报是第一要义,弟当以身先之。

家中四宅平安。季弟尚在湘潭,澄弟初二日自县城归矣。余身体不适。初二日住白玉堂,夜不成寐。温弟何日至吉安?在县城、长沙等处尚顺遂否?

古来言凶德①致败者约有二端:曰长傲②,曰多言。丹朱之不肖,曰傲,曰嚚讼③,即多言也。历观名公巨卿,多以此二端败家丧生。余生平颇病执拗,德之傲也;不甚多言,而笔下亦略近乎嚚讼。静中默省愆尤,我之处处获戾,其源不外此二者。温弟性格略与我相似,而发言尤为尖刻。凡傲之凌物,不必定以言语加人,有以神气凌之者矣,有以面色凌之者矣。温弟之神气稍有英发之姿，面色间有蛮很之象，最易凌人。凡中心不可有所恃，心有所恃则达于面貌。以门地言，我之物望大减，方且恐为子弟之累；以才识言，近今军中炼出人才颇多，弟等亦无过人之处。皆不可恃。只宜抑然自下，一味言忠信、行笃敬，庶几可以遮护旧失、整顿新气。否则，人皆厌薄之矣。沅弟持躬涉世，差为妥叶④。温弟则谈笑讥讽，要强充老手，犹不免有旧习。不可不猛省！不可不痛改！闻在县有随意嘲讽之事，有怪人差帖之意，急宜惩之。余在军多年，岂无一节可取？只因"傲"之一字，百无一成，故谆谆教诸弟以为戒也。

九弟妇近已全好，无劳挂念。沅在营宜整刷精神，不可懈怠。至嘱。

兄国藩手草

咸丰八年三月初六日

【注释】

①凶德：违背仁德的恶行。

②长傲：滋长傲气。宋代张载《正蒙·乾称》："诚不知戒其出汝者，归咎其不出汝者，长傲且遂非，不知孰甚焉。"

③嚚讼：犹聚讼。众说纷纭，是非难定，久无定论。

④差为妥叶：叶，通"谐"，和谐。勉强处理好之意。

【点评】

傲慢和话多是人性的两大弱点，而"不长傲、不多言"

则是一个人成熟和有所作为的必修课。

在曾国藩看来,盛气凌人,不一定是言语傲慢,态度和表情甚至眼神上的傲慢也足以拒人以千里之外。只要心生傲慢,必定外露,这是万不可取的。《格言联璧》上说:"肆傲者纳侮,讳过者长恶。贪利者害己,纵欲者戕生。"骄傲放肆的人易受辱,忌讳过错的人助长罪恶。贪利之人害己,纵欲之人损命。

多言不一定是话多,平日里多管闲事,书信文章里议论人,皆是多言。"识不足则多虑,威不足则多怒,信不足则多言。"言多必失,话多不仅显得轻浮,还往往容易失信于人。曾国藩曾经总结人的性格说:"多躁者必无沉毅之识,多畏者必无卓越之见,多欲者必无慷慨之节,多言者必无质实之心,多勇者必无文学之雅。"所以,一向崇尚厚重的曾国藩在给朋友的信中说:"是非皎然于心而一言不发,劲气常抱于胸而纤毫不露。"这是曾国藩这一期间的重要体悟。

致沅弟 | 约旨卑思，脚踏实地

沅甫九弟左右：

初一日专人至吉营送信。初二夜接弟来信，论"敬"字义甚详，兼及省中奏请援浙事，劝余起复。是日未刻，郭意城来家述此事，骆中丞业出奏矣。初三日接奉廷寄，饬即赴浙办理军务，与骆奏适相符合。骆奏二十五日发，寄谕二十一日自京发也。圣恩高厚，令臣下得守年余之丧，又令起复，以免避事之责。感激之忱，匪言可喻。兹定于初七日起程，至县停一日，至省停二三日。恐驿路迂远，拟由平江、义宁以至吴城。其张运兰、萧启江诸军，约至河口会齐。将来克复吉安以后，弟所带吉字营即由吉东行至常山等处相会。

先大夫少时在南岳烧香，抽得一签云："双珠齐入手，光采耀杭州。"先大夫尝语余云："吾诸子当有二人官浙。"今吾与弟赴浙剿贼，或已兆于五十年以前乎？

此次之出，约旨卑思，脚踏实地，但求精而不求阔。目前张、萧二军及弟与次青四军已不下万人，又拟抬船过常、玉二山，略带水师千余人，足敷剿办矣。此外在江各军，有饷则再添，无饷则不添，望弟为我斟酌商办。办文案者，彭椿年最为好手。现请意城送我至吴城，或至玉山，公牍私函意城均可料理。请仙屏即日回奉新，至吴城与我相会。其彭椿年、王福二人，弟随留一人，酌派一人来兄处当差，亦至吴城相会。余若出大道，则由武昌下湖口以至河口；若出捷径，则由义宁、吴城以至河口。许、彭等至吴城，声息自易通也。应办事宜及往年不合之处应行改弦者，弟一一熟思，详书告我。顺问近好。

兄国藩再肃
咸丰八年六月初四日

【点评】

咸丰七年，曾国藩在战场上屡战屡败，官场上又被江西士绅算计，咸丰帝对他颇有不满，恰逢父亲病逝，曾国藩便借丁忧之机向咸丰帝索要督抚一职。谁知剧情反转，太平军内乱，清军节节胜利，咸丰帝顺势准了曾国藩守制的请求。眼看着手下连立战功，步步升高，曾国藩坐不住了。此时剧情却再度反转，原本胜利在握的清军眼睁睁看着陈玉成、李秀成异军突起，太平军死灰复燃，一筹莫展。无奈，咸丰再度启用曾国藩。

这是曾国藩一生中的重要转折点，他后来谈到自己此时期的转变时，称之为"大愧大悔、大彻大悟"。这一次，曾国藩并未与咸丰帝讨价还价，奉旨三天后便启程。他在奏折中对咸丰帝表忠心说："臣之愚见，欲纯用重典以锄强暴，但愿良民有安生之日，即臣身得残忍严酷之名亦不敢辞。"为达目的，不择手段，不计后果，曾国藩也落下了"曾剃头"的名号。曾国藩一面调兵遣将，一面遍拜长沙官场，尤其是亲自到左宗棠家，拜望这位布衣师爷，并请左宗棠篆书自己的对联"敬胜怠，义胜欲；知其雄，守其雌"，以示捐弃前嫌，修好如初。

曾国藩书信中"约旨卑思，脚踏实地"八字，是对曾国荃与太平军作战节节胜利时的提醒。人生在世，地位越高、事业愈大，越要恭谨谦冲；凡事从卑微处着想，收敛抑制住自己，一切才能稳固如鼎。

致诸弟 | 和气致祥,乖气致戾

澄侯、沅甫、季洪老弟左右:

二十五日闻三河挫败之信,专安七、玉四送信回家。三十日,就县局回勇之便又寄一信。初五日,又专吉字营勇送九弟湖口所发之信。其时尚幸温弟当无恙也。兹又阅八日,而竟无确信,吾温弟其果殉节矣。呜呼恸哉!

温弟少时性情高傲,未就温和,故吾以"温甫"字之。六年,在瑞州相见,则喜其性格之大变,相亲相友,欢欣和畅。去年在家,因小事而生嫌衅,实吾度量不闳①,辞气不平,有以致之,实有愧于为长兄之道。千愧万悔,夫复何言!自去冬今春以来,吾喜温弟之言论风旨洞达时势,综括机要。出门以后,至兰溪相见,相亲相友,和畅如在江西瑞州之时。八、九月后,屡次来信,亦皆和平稳惬,无躁无矜。方意渠与迪庵相处,所依得人,必得名位俱进,不料遘祸②如是之惨！迪庵一军，所向无前，立于不败之地。不特余以为然，即数省官绅军民，人人皆以为然。此次大变，迪庵与温弟皆不得收葬遗骨，伤心曷极！

现在官制军、骆中丞皆奏请余军驰赴江北，计十五六及月杪③可先后奉旨。如命余赴皖楚之交，余留萧浚川一军防剿江闽，自率张、吴、朱、唐及吉字中营赴皖，必求攻破三河贼垒，收寻温弟遗骸，然后有以对吾亲于地下。若谕旨令余留办闽贼，则三河地方不知何年方有兵去，尤为痛悼。

九弟久无信来，想竟回家矣。想过蕲、黄等处，闻温弟确耗，不审如何哀痛！何无一字寄我？自九江至长沙，水路二千余里，溜急而风亦难顺，不知途次如何愁闷！如能迅速到家，亦是快慰之一端。

去年我兄弟意见不和，今遭温弟之大变。和气致祥，乖气致戾④，果有明证。嗣后我兄弟当以去年为戒，力求和睦。第一要安慰叔父暨六弟妇嫡、庶二人之心。命纪泽、纪梁、纪鸿、纪渠、纪瑞等轮流到老屋久住，五十、大妹、二妹等亦轮流常去。并请亦山先生常住白玉堂，安慰渠姊之心。二要改葬二亲之坟。如温弟之变果与二坟相关，则改葬可以禳凶而迪吉；若温弟事不与二坟相关，亦宜改葬，以符温弟生平之议论，以慰渠九泉之孝思。三要勤俭。吾家后辈子女皆趋于逸欲奢华，享福太早，将来恐难到老。嗣后诸男在家勤洒扫，出门莫坐轿；诸女学洗衣，学煮菜烧茶。少劳而老逸犹可，少甘而老苦则难矣。至于家中用度，断不可不分。凡吃药、染布及在省在县托买货物,若不分开,则彼此以多为贵,以奢为尚,漫无节制。此败家之气象也!千万求澄弟分别用度,力求节省。吾断不于分开后私寄银钱,凡寄一钱,皆由澄弟手经过耳。

温弟殉难事,吾当另奏一折。九弟在湖北若得悉温弟初十日详细情形,望飞速告我,以便入奏。希庵有详信来。吾即先奏亦可。纪寿侄目清眉耸,忠义之后,当有出息,全家皆宜另目看之。至嘱至嘱。

咸丰八年十一月十二日

【注释】

①闳:通"宏"。大,宏大。
②遘祸:遘,通"构"。遭遇祸患。
③月杪:每个月的最后几天,月底。
④和气致祥,乖气致戾:和气,和睦;乖气,不和顺;戾,罪过。和睦招致吉祥,不和招致灾祸。

【点评】

咸丰七年,曾国藩对官场心生厌倦,恰逢父亲去世,曾国藩率弟曾国华、曾国荃回籍奔丧,被左宗棠骂为不忠。守制期间,曾国藩脾气暴躁,常因小事迁怒诸弟,和几个弟弟甚至弟媳都有过口角。咸丰八年六月,曾国藩复出。十一月,太平军在三河镇之战中全歼湘军精锐李续宾部,曾国华战死。

在此背景下，曾国藩写了这封信，痛悟昨日是与非，后悔自己的言行，说："去年在家，因小事而生嫌衅，实吾度量不宏，辞气不痊，有以致之，实有愧于为兄之道。"

在兄弟姊妹众多的大家庭中，长兄必须宽厚、有担当，在面对家族不幸的时候，曾国藩化悲痛为力量，起到了顶梁柱的作用：他号召族中子弟照顾好家人，并少见地相信了风水，力主迁坟，又整顿了家风，将可能出现的不好的苗头扼杀在萌芽中。

在曾国藩看来，和睦是兄弟之间最核心的要素。能尽孝道则其心和，能修悌道则其心顺。因而，兄长像父母一样以身作则，承父母志，继祖先德，弟妹不惹是非，不怨兄长父母，融洽相处，家族才会有祥福。

致沅弟、季弟 | 戒傲戒惰

沅、季弟左右：

恒营专人来，接弟各一情并季所寄干鱼，喜慰之至。久不见此物，两弟各寄一次，从此山人足鱼矣。

沅弟以我切责之缄，痛自引咎，俱蹈危机，而思自进于谨言慎行路。能如是，是弟终身载福之道，而吾家之幸也！季弟信亦平和温雅，远胜往年傲岸气象。

吾于道光十九年十一月初二日进京散馆。十月二十八早侍祖父星冈公于阶前，请曰："此次进京，求公教训。"星冈公曰："尔的官是做不尽的，尔的才是好的，但不可傲，'满招损，谦受益'，尔若不傲，更好全了！"遗训不远，至今尚如耳提面命①。今吾谨述此语告诫两弟，总以除"傲"字为第一义。唐虞②之恶人，曰"丹朱③傲"，曰"象④傲"。桀纣之无道，曰"强足以拒谏，辨足以饰非"，曰"谓已有天命，

谓敬不足行",皆傲也。

吾自八年六月再出,即力戒"惰"字,以儆无恒之弊。近来又力戒傲字。昨日徽州未败之前,次青心中不免有自是之见,既败之后,余益加猛省。大约军事之败,非傲即惰,二者必居其一。巨室之败,非傲即惰,二者必居其一。

余于初六日所发之折,十月初可奉谕旨。余若奉旨派出,十日即须成行,兄弟远别,未知相见何日。惟愿两弟戒此二字,并戒后辈,常守家规,则余心大慰耳!

咸丰十年九月二十四日

【注释】

①耳提面命:形容当面倾听殷切恳诚的教诲和希望。

②唐虞:唐尧与虞舜的并称。

③丹朱:尧的长子。相传,因为丹朱不肖,尧把部落联盟首领之位禅让给了舜。

④象:传说中舜的弟弟。

【点评】

富贵之家,最易傲、惰。因其有势,故傲,因其有财,故惰,其败落也多源于此。曾国藩意识到了这一点,所以与族中子弟谈得最多的便是"谦""勤"二字。曾国藩担心曾国荃傲气太盛,接连两日在信中谈到了傲与惰。曾国藩从行军打仗中悟出"军事之败,非傲即惰",并推广到做人,用

心良苦。

每个人都想成为生活这部戏的主角,但一个尴尬而无法回避的事实是,大多数人都无法回避"傲""惰"等缺点。庸人如此,有才之人更甚。

很多时候,人们都骄傲而不自知。骄傲使人不虔敬,自我膨胀,并会导致其他罪恶。惰是知道该做何事,却借口拖延,迟迟不做。惰是一种阻止人上进的习气,它根深蒂固,束缚着人的生命,使人无法达到目标。因而,作为当代人,要想取得事业的成功和人生的圆满,一定要克服"傲"与"惰"。

致澄弟 | 去骄惰，不讥人短，不晏起

澄侯四弟左右：

腊底由九弟处寄到弟信并纪泽十一月十五七日等语，具悉一切。弟于世事，阅历渐深，而信中不免有一种骄气。天地间惟谦谨是载福之道，骄则满，满则倾矣。凡动口动笔，厌人之俗，嫌人之鄙，议人之短，发人之覆①，皆骄也。无论所指未必果当，即使一一切当，已为天道所不许。

吾家子弟满腔骄傲之气，开口便道人短长，笑人鄙陋，均非好气象。贤弟欲戒子弟之骄，先须将自己好议人短、好发人覆之习气痛改一番，然后令后辈事事警改。

欲去"骄"字，总以不轻非笑人为第一义；欲去"惰"字，总以不晏起为第一义。弟若能谨守星冈公之八字（考、宝、早、扫、书、蔬、鱼、猪），三不信（不信僧巫，不信医药，不信地仙），又谨记愚兄之去骄去惰，则家中子弟日

趋于恭谨而不自觉矣。

此间军事如常。左、鲍二军在鄱阳、建德交界之区尚未开仗,贼数太多,未知能否得手。祁门、黟县、渔亭等处尚属平安。余身体无恙,惟齿痛耳。顺问近好。

曾国藩手草
咸丰十一年正月初四日

【注释】

①发人之覆:斥责他人的失败。

【点评】

传说龙的喉咙下方有一块一尺长的鳞倒长,俗称"逆鳞",若有人触到,龙就会大怒,将他杀掉。每个人都有深藏于心的不愿被知道或不愿被提起的"逆鳞",而讥人之短就像忤逆龙鳞,后果不堪设想。

古人讲究"劝恶于私室,扬善于公堂"。别人有短处,应在公众场合极力维护,如果在公众场合故意揭露他人短处,"揭短"就成了自己的短处,这无疑是用自己的短处攻击别人的短处。

"静坐常思己过,闲谈莫论人非。"言语伤人,胜于刀枪。曾国藩深知语言暴力对人的危害。他曾说过:"予人一分面子,人必予两分面子。伤人一分面子,人必损十分面子。为人处世,面子不可不慎。"

此外，曾国藩还谈到戒惰，并把子弟早起作为衡量一个家族有无生机与活力的标准。在曾国藩看来："欲去'惰'字，总以不晏起为第一义。"

致诸弟 | 八字三不信,八本三致祥

澄、沅、季弟左右:

余于初二日自祁门起行至渔亭,初三日至休宁。初四日派各营进攻徽州。所有祁门、渔亭之营,皆派七八成队来此,老营空虚。闻景德镇于二月三十日失守,陈一军溃散,左京堂亦被围困,不知能守住营盘否?景镇既失,祁、黟、休三县之米粮全无,接济已断。若能打开徽州,尚可通浙江米粮之路;若不能打开徽州,则四面围困,军心必涣,殊恐难支。

余近年在外勤谨和平,差免愆尤①,惟军事总无起色。自去冬至今,无日不在危机骇浪之中。所欲常常告诫诸弟与子侄者,惟星冈公之八字②、三不信及余之八本、三致祥而已。八字曰:"考、宝、早、扫、书、蔬、鱼、猪也。"三不信曰:"药医也,地仙也,僧巫也。"八本曰:"读书以训诂为本,作诗文以声调为本,事亲以得欢心为本,养生以少恼怒为本，立身以不妄言为本，居家以不晏起为本，做官以不爱钱为本，行军以不扰民为本。"三致祥曰："孝致祥，勤致祥，恕致祥。"兹因军事日危，旦夕不测，又与诸弟重言以申明之。家中无论老少男妇，总以习勤劳为第一义，谦谨为第二义。劳则不佚③，谦则不傲，万善皆从此生矣。此次家信，专人送安庆后再送家中，因景镇路梗故也。顺问近好。

兄国藩手草（休宁城中）

咸丰十一年三月初四日

外黄南坡挂屏交安庆转寄，柳帖二付寄家交纪泽。

【注释】

①愆尤：罪过。

②八字：考，即诚修祭祀祖先；宝，即善待亲族邻里；早，即每天早起；扫，即打扫屋室、院落；书，即要多读书，刻苦做学问；蔬，即要自己种菜；鱼，即养鱼；猪，即养猪。

③佚：通"逸"，放荡，放纵。

【点评】

咸丰十一年三月，太平军发起连续进攻，一度逼近曾国藩的祁门大营。帐下无将，外无援兵，就是在这样的危急时刻，曾国藩依旧能静心写信，使内心的涟漪归于平静。写信让他在肃杀紧张的战时，感受到家的温暖，成了他的安慰剂和情绪的通风口。白天，战场上的他是大臣、杀人机器和悍将。晚上，书桌前的他是父亲、兄长和朋友。

曾氏历经祖孙三代的努力，完善了"八字三不信，八本三致祥"——以八本为经，以八字为纬，以四字要诀（勤、俭、孝、友）、三致祥、三不信穿插其中，形成了曾国藩完整的治家体系。曾国藩将其乡间侯府命名为"八本堂"，并手书八本宣示后人。

时代变迁，曾国藩的这些思想于今虽有局限，但其望子弟成才的殷殷之心，却散发着永久的光芒，且时代愈久，愈加明亮。

致澄弟 | 莫学富贵人家礼厚情薄

澄弟左右：

六月初四接五月二十四来信并纪泽一禀，具悉一切。南五舅母弃世，纪泽往吊后，弟亦往吊唁否？此等处，吾兄弟中有亲往者为妙。从前星冈公之于彭家并无厚礼厚物，而意甚殷勤，亲去之时甚多。我兄弟宜取以为法。大抵富贵人家气习，礼物厚而情意薄，使人多而亲到少。吾兄弟若能彼此常常互相规诫，必有裨益。

此间军事平安。余疮疾渐愈，已能写字矣。安庆军情，九弟常有信回，兹不赘。付回银二百两，系去年应还袁宅之项，查收。即问近好。

国藩手草

咸丰十一年六月十四日

【点评】

　　曾国藩从五舅母的吊唁说起,告诫弟弟莫学"富贵人家气习,礼物厚而情意薄,使人多而亲到少"。大凡富贵人家,在遇到别人家婚丧嫁娶时,总有礼物厚重而情意浅薄,派人代表自己居多而少有亲自到场的坏习气。这样的做法,在自己也许真是事务繁忙走不开,但却会给人一种冰冷、高高在上的感觉。

　　现代社会中,生活节奏加快,生存成本增加,人们把更多的精力投入到工作中,忽视了亲情、友情、爱情,一味只想用金钱弥补,殊不知,冰冷的钱物无法代替温情,毫不相干的人不能代理自己应亲身去做的事。对家人,陪伴是最长情的告白;对需要你的人,在场是最大的支持。不能让忙碌空白了回忆,金钱之外,生活中更要增加应有的温情。

致诸弟 | 以劳、谦、廉三字自惕

沅、季弟左右：

帐棚即日赶办，大约五月可解六营，六月再解六营，使新勇略得却暑也。抬小枪之药，与大炮之药，此间并无分别，亦未制造两种药。以后定每月解药三万斤至弟处，当不致更有缺乏。王可陞十四日回省，其老营十六可到。到即派往芜湖，免致南岸中段空虚。

雪琴与沅弟嫌隙已深，难遽①期其水乳。沅弟所批雪信稿，有是处，亦有未当处。弟谓雪声色俱厉。凡目能见千里而不能自见其睫，声音笑貌之拒人，每苦于不自见，苦于不自知。雪之厉，雪不自知；沅之声色，恐亦未始不厉，特不自知耳。曾记咸丰七年冬，余咎骆、文、文、耆②待我之薄，温甫则曰："兄之面色，每予人以难堪。"又记十一年春，树堂深咎张泮山简傲不敬，余则谓树堂面色亦拒人于千里之外。

观此二者，则沅弟面色之厉，得毋似余与树堂之不自觉乎？

余家目下鼎盛之际，余忝窃将相，沅所统近二万人，季所统四五千人，近世似此者曾有几家？沅弟半年以来，七拜君恩，近世似弟者曾有几人？日中则昃，月盈则亏，吾家亦盈时矣。管子云："斗斛满则人概③之，人满则天概之。"余谓天之概无形，仍假手于人以概之。霍氏④盈满，魏相概之，宣帝概之。诸葛恪⑤盈满，孙峻概之，吴主⑥概之。待他人之来概而后悔之，则已晚矣。吾家方丰盈之际，不待天之来概、人之来概，吾与诸弟当设法先自概之。自概之道云何？亦不外清、慎、勤三字而已。吾近将清字改为廉字，慎字改为谦字，勤字改为劳字，尤为明浅，确有可下手之处。

沅弟昔年于银钱取与之际不甚斟酌，朋辈之讥议菲薄，其根实在于此。去冬之买犁头嘴、栗子山，余亦大不谓然。以后宜不妄取分毫，不寄银回家，不多赠亲族，此廉字工夫也。

谦字存诸中者不可知，其着于外者，约有四端：曰面色，曰言语，曰书函，曰仆从属员。沅弟一次添招六千人，季弟并未禀明，径招三千人，此在他统领所断做不到者，在弟尚能集事，亦算顺手。而弟等每次来信，索取帐棚子药等件，常多讥讽之词、不平之语，在兄处书函如此，则与别处书函更可知已。沅弟之仆从随员，颇有气焰，面色言语，与人酬按时，吾未及见，而申夫⑦曾述及往年对渠之词气，至今饮憾！以后宜于此四端，痛加克治，此谦字工夫也。

每日临睡之时，默数本日劳心者几件，劳力者几件，则知宣勤王事之处无多，更竭诚以图之，此劳字工夫也。

余以名位太隆，常恐祖宗留诒之福，自我一人享尽，故将劳、谦、廉三字时时自惕，亦愿两贤弟之用以自惕，且即以自概耳。

湖州于初三日失守，可怜可儆！

同治元年五月十五日

【注释】

①遽：短期、仓促之间。

②骆、文、文、耆：清末官员骆秉章、文格、文俊、耆龄。

③概：刮平斗、斛用的小木板，此处引申为刮平，不使过量之意。

④霍氏：汉代大将军霍光一族。

⑤诸葛恪：三国时期东吴权臣，蜀汉丞相诸葛亮之侄，大将军诸葛瑾长子。

⑥吴主：三国时吴国君主孙亮。

⑦申夫：即曾国藩的幕僚李申夫。

【点评】

劳、谦、廉是曾国藩经世致用思想的体现。纵观曾国藩一生，以廉为本，以谦修身，以劳为基，终成"立德立功立言三不朽,为师为将为相一完人"。

曾国藩提倡耕读传家,甚至在他任两江总督时,家中夫人、女儿、儿媳上午有"食事",中午有"衣事",下午有"细工",傍晚有"粗工",可见曾国藩治家之严与家风之淳厚。

"吾人为学,最要虚心。"曾国藩中庸,但不迂腐,曾国藩谨慎,但不圆滑。相反,他谦虚内敛,深谋远虑。曾国藩的成功,在于他始终谦虚谨慎,戒骄戒躁,每天自省自律。

"做官第一要义,无非廉字。"孔子说,君子有三戒:戒色、戒斗、戒得。三戒之中,唯有戒得最难,但曾国藩深谙舍得之道,并以此告诫两个儿子:"银钱、田产,最易长娇气、逸气。我家中断不可积钱,断不可买田。尔兄弟努力读书,绝不怕没饭吃。至嘱!"

曾国藩"劳、谦、廉"的三字箴言,于今亦有可资借鉴之处。得意常作失意想,上台当念下台时。穷困潦倒之时,劳心劳力,则天道酬勤。飞黄腾达之时,广施善缘,则财散人聚。

致沅弟、季弟 | 刚柔互用,不可偏废

沅、季弟左右:

沅于人概、天概之说,不甚厝意①,而言及势利之天下,强凌弱之天下。此岂自今日始哉?盖从古以然矣。

从古帝王将相,无人不由自立自强做出,即为圣贤者,亦各有自立自强之道,故能独立不惧,确乎不拔。昔余往年在京,好与诸有大名大位者为仇,亦未始无挺然特立不畏强御之意。近来见得天地之道,刚柔互用,不可偏废,太柔则靡,太刚则折。刚非暴虐之谓也,强矫而已;柔非卑弱之谓也,谦退而已。趋事赴公,则当强矫,争名逐利,则当谦退;开创家业,则当强矫,守成安乐,则当谦退;出与人物应接,则当强矫,入与妻孥享受,则当谦退。若一面建功立业,外享大名,一面求田问舍,内图厚实,二者皆有盈满之象,全无谦退之意,则断不能久。此余所深

信，而弟宜默默体验者也。

同治元年五月二十八日

【注释】

①厝意：注意；关心。

【点评】

牙尖齿利老来光，舌柔唇软滋味长。《易经》云："是故刚柔相摩，八卦相荡。鼓之以雷霆，润之以风雨，日月运行，一寒一暑。"

在曾国藩看来："天地之道，刚柔互用，不可偏废，太柔则靡，太刚则折。"即天地间的规则，在于刚柔并济，不可偏废一方，太柔软则无力，太刚硬则易折。

曾氏自幼受祖父"做人以'懦弱无刚'四字为大耻"的训诫，也认为"倔强"二字不可少。如果说"刚"是曾国藩的骨架，那"柔"则是其"血肉"。

曾氏曾说"大柔非柔，至刚无刚"。他柔中有刚，刚中带柔，更熟稔何时用刚，何处用柔。他用三强矫与三谦退之说告诫诸弟：在大是大非或天下兴亡面前，不能不强，治军打仗便是用刚；在荣辱得失与名利场中，该退则退，功高盖世时削减兵力，自剪羽翼便是用柔。恰如佛家偈语："人来谤我我何当，且忍三分也无妨；却为儿孙榜样计，只从柔处不从刚。"

谕纪泽 | 可法王、陶襟韵萧洒

字谕纪泽儿：

曾代四、王飞四先后来营，接尔二十日、二十六日两禀，具悉五宅平安。

和张邑侯诗，音节近古，可慰可慰。五言诗，若能学到陶潜、谢朓一种冲淡之味和谐之音，亦天下之至乐，人间之奇福也。尔既无志于科名禄位，但能多读古书，时时哦诗作字，以陶写性情，则一生受用不尽。第宜束身圭璧①，法王羲之、陶渊明之襟韵萧洒则可，法嵇、阮之放荡名教则不可耳。

希庵丁艰②，余即在安庆送礼，写四兄弟之名，家中似可不另送礼。或鼎三侄另送礼物亦无不可，然只可送祭席挽幛之类，银钱则断不必送。尔与四叔父、六婶母商之。希庵到家之后，我家须有人往吊，或四叔，或尔去皆可，或目下

先去亦可。

近年以来，尔兄弟读书，所以不甚耽搁者，全赖四叔照料大事，朱金权照料小事。兹寄回鹿茸一架、袍褂料一付，寄谢四叔。丽参三两、银十二两，寄谢金权。又袍褂料一付，补谢寅皆先生。尔一一妥送。家中贺喜之客，请金权恭敬款接，不可简慢。至要至要。

贤五先生请余作传，稍迟寄回。此次未写复信，尔先告之。家中有殿板《职官表》一书，余欲一看，便中寄来。抄本国史文苑、儒林传尚在否？查出禀知。此嘱。

涤生手草
同治元年七月十四日

【注释】

①圭璧：此处泛指贵重的玉器。

②丁艰：即丁忧，亦称丁家艰，指遭逢父母丧事。

【点评】

曾国藩对陶、谢的五言诗评价甚高，陶、谢诗中冲淡之味、和谐之音为被俗务缠身的曾国藩所向往。在本封信中，曾国藩由指点儿子诗文，进而谈及教育和做人。

曾国藩的教育观很开明，他认为孩子读书不是为了做官，而在于明理。曾国藩在观察他们天赋、潜能的基础上，注重培养孩子的兴趣与志向。曾纪泽三次科举不第，向父亲提出不想再走科举之路，曾国藩便让曾纪泽按他自己的想法去做事。秉承"经世致用"思维的曾纪泽32岁时开始苦学英文。1881年，曾纪泽以外交官身份代表清朝同沙俄谈判，收回伊犁城。

曾国藩处世颇重名节，不喜轻浮放荡，这和顾炎武、颜之推"厌清谈之士"的思想一脉相承。他对魏晋风骨持辨证态度，欣赏陶、谢的闲适自由、冲淡和谐，反对恣意放纵，这是他的清醒高明之处。因而，他给儿子的做人准则便是：在遵循人情世故、伦理纲常的前提下，胸襟潇洒、淡泊名利可以，但越规逾矩、蔑视礼法，与世道人情相忤则不可。

致澄弟 | 为先人留遗泽,为后人惜余福

澄弟左右:

吾不欲多寄银物至家,总恐老辈失之奢,后辈失之骄,未有钱多而子弟不骄者也,吾兄弟欲为先人留遗泽,为后人惜余福,除去勤俭二字,别无做法。弟与沅弟能勤而不能俭,余微俭而不甚俭;子侄看大眼,吃大口①,后来恐难挽,弟须时时留心。

同治二年正月十四日

【注释】

①看大眼,吃大口:比喻见识的眼界越高,所要求的享乐也越丰富。

【点评】

　　曾国藩官居高位时,却将勤俭做到了极致,一方面自己一生克勤克俭,另一方面也唯恐家人因富贵而蹈危机,故对长辈时时叮嘱,对平辈殷殷苦劝,对后辈则常常告诫。在曾国藩看来,不往家里多寄钱,是怕长辈晚节不保,怕后辈娇生惯养。

　　曾国藩不仅对本家人如此,对嫁出去的女儿和嫁进来的儿媳,也要求她们勤俭。曾氏小女曾纪芬嫁至衡山聂家,随身嫁妆中有一份"功课单":早饭后做小菜点心酒酱之类(食事),巳午刻纺花或绩麻(衣事),中饭后做针线刺绣之类(细工),酉刻(二更后)做男鞋或女鞋或缝衣(粗工)。曾纪泽娶妻时,曾国藩亲自写信说:"新妇始至吾家,教以勤俭。纺织以事缝纫,下厨以议酒食,此二者妇职之最要者也。"

　　司马光说:"侈则多欲。君子多欲则贪慕富贵,枉道速祸;小人多欲则多求妄用,败家丧身;是以居官必贿,居乡必盗。"曾国藩早已窥破此中真旨,大概这才是曾国藩勤俭持家的良苦用心。

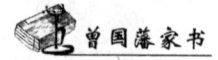

致沅弟 | 花未全开月未圆

沅弟左右：

二日未寄信与弟，十七夜接弟初九日信，知弟左臂疼痛不能伸缩，实深悬系。兹专人送膏药三个与弟，即余去年贴右手背而立愈者，可试贴之，有益无损也。

"拂意之事接于耳目"，不知果指何事？若与阿兄间有不合，则尽可不必拂郁。弟有大功于家，有大功于国，余岂有不感激、不爱护之理？

余待希、厚、雪、霆诸君，颇自觉仁让兼至，岂有待弟反薄之理？惟有时与弟意趣不合。弟之志事，颇近春夏发舒之气；余之志事，颇近秋冬收啬之气。弟意以发舒而生机乃旺，余意以收啬而生机乃厚。平日最好昔人"花未全开月未圆"七字，以为惜福之道、保泰之法莫精于此。曾屡次以此七字教诫春霆，不知与弟道及否？

星冈公昔年待人，无论贵贱老少，纯是一团和气，独对子孙诸侄则严肃异常，遇佳时令节，尤为凛不可犯。盖亦具一种收啬之气，不使家中欢乐过节，流于放肆也。余于弟营保举银钱军械等事，每每稍示节制，亦犹本"花未全开月未圆"之义。至危迫之际，则救焚拯溺，不复稍有所吝矣。弟意有不满处，皆在此等关头。故将余之襟怀揭出，俾弟释其疑而豁其郁。此关一破，则余兄弟丝毫皆合矣。余不一一，顺问近好。

兄国藩手草
同治二年正月十八日

【点评】

"花未全开月未圆"出自宋代书法家蔡襄《十三日吉祥院探花》："花未全开月未圆，寻花待月思依然。明知花月无情物，若使多情更可怜。"花开之后必凋谢，月圆之后必缺损。未开未圆，恰恰留出了一个未来。

人生的落败常在得意之时，一个人事业成功后，不能得意，得意就像心上开花，心花一开，事业必败。曾国藩一再告诫自己，"凡事当留余地，得意不宜再往"，并以求缺心态时时刻刻地自省自警。

曾国藩熟读史书，知得失，懂得以退让换平安。同治三年，曾国藩致李鸿章书中说："长江三千里，凡无一船不张鄙人之旗帜，外间疑弊处兵权过重，权力过大，盖谓四省厘金,络绎输送,各处兵将,一呼百应,其相疑者良非无因。"曾国藩打败太平军,在功高震主的情况下,主动裁撤湘军,保住晚年,将本来必开的花变为不开,转危为安。

"自古人生最忌满,半贫半富半自安。"这两句诗道出了未满的真谛。佛家说娑婆世界,娑婆即遗憾。美好的东西一旦到达了顶点,必然要走下坡路,这是自然循环的大道。日本插花师每次插花朵数都是单数,因为单数插出来的叫"生花",即有希望的花,因不圆满而充满希望;双数花朵则是"死花",因为太美满而没有盼头。

老子说:"大成若缺。"就像中国水墨画里的留白,天空、云朵、大海、积雪,给人遐思,意蕴深长。留点儿时间,留点儿空间,留点儿福缘,其实就是留点儿盼头。可惜的是人只有渐渐年长,才懂得节制、自省和惜福。

致沅弟 | 以方寸为严师

沅弟左右：

接弟十一、十二日两信，具悉一切。

辞谢一事，本可浑浑言之，不指明武职京职，但求收回成命。已请筱泉、子密代弟与余各拟一稿矣。昨接弟咨，已换署新衔，则不必再行辞谢。吾辈所最宜畏惧敬慎者，第一则以方寸为严师，其次则左右近习之人，如巡捕、戈什、幕府文案及部下营哨官之属，又其次乃畏清议①。今业已换称新衔，一切公文体制为之一变，而又具疏辞官，已知其不出于至诚矣。欺方寸②乎？欺朝廷乎？余已决计不辞，即日代弟具折。用四六谢折外，余夹片言弟愧悚思辞，请收成命。二十一二日专人赍③京。弟须用之奏折各件，即由此次折弁带归。

弟应奏之事暂不必忙。左季帅奉专衔奏事之旨，厥后三个月始行拜疏。雪琴得巡抚及侍郎后，除疏辞复奏二次后，至今未另奏事。弟非有要紧事件，不必专衔另奏，寻常报仗，仍由余办可也。

李子真尽可分送弟处。莫世兄年未二十，子偲不欲其远离。赵惠甫可至金陵先住月余，相安则订远局，否则暂订近局。

五月杪以后之米，省局尽可支应。以三万人计之，每月需米万二千石（五百人一营者加夫一百八十名，每月需二百石）。弟部来此请米价及护票者已一万数千石，计六七月必到，不尽靠皖台也。顺问近好。

国藩手草

同治二年四月十六日

【注释】

①清议：指公正的议论。也指对时政的议论、社会舆论。
②欺方寸：方寸，人的内心，良知。欺骗自己的良心。
③赉：拿东西送给别人。

【点评】

古人以谦让为美德，反映到官场上，就是升官之时须以自己德才浅薄，不能胜任再三辞谢，久而久之，成为一种以退为进的虚伪手腕，令人作呕。城府是每一个为官者必修的科目。曾国藩告诫弟弟要"以方寸为严师"，即做人不可欺骗自己的良心。

曾国荃一方面与曾国藩商议辞谢官职一事,一面又在公牍上署"浙江抚部院"的新衔,其内心的真实想法不言自明。宋代苏邦《不欺堂》诗云:"室明室暗两相宜,方寸长存不可欺。勿谓天高鬼神远,要须常畏自家知。"曾国藩看透了曾国荃这一点,索性劝他不必辞谢。并提出了三条建议:以方寸为严师、左右近习之人、畏清议,即对得起自己的良心,管住身边人,注意人们的看法。

人可以欺骗别人,但欺骗不了自己的内心。在曾国藩看来,要想成为圣贤人,必须"奉方寸如严师,畏天理如刑罚"。以"方寸"为严师就是有原则、懂进退、知分寸。心中有方寸,言行成方圆。说话时能够拿捏好分寸,知道哪些话该说,哪些话不该说;做事时,知道有所为,有所不为。遇到事情要问问自己,看看是否做到了无愧于心。

谕纪泽、纪鸿① | 慎独、主敬、求仁、习劳

余通籍三十余年，官至极品，而学业一无所成，德行一无可许，老人徒伤，不胜悚惶惭赧。今将永别，特立四条以教汝兄弟。

一曰慎独②则心安。自修之道，莫难于养心。心既知有善知有恶，而不能实用其力，以为善去恶，则谓之自欺。方寸之自欺与否，盖他人所不及知，而己独知之。故《大学》之"诚意"章，两言慎独。果能好善如好好色③，恶恶如恶恶臭，力去人欲，以存天理，则《大学》之所谓自慊④，《中庸》之所谓戒慎恐惧⑤，皆能切实行之。即曾子之所谓自反而缩⑥，孟子之所谓仰不愧、俯不怍⑦，所谓养心莫善于寡欲，皆不外乎是。故能慎独，则内省不疚，可以对天地质鬼神，断无行有不慊于心则馁之时。人无一内愧之事，则天君泰然，此心常快足宽平，是人生第一自强之道，第一寻乐之方,守身之先务也。

二曰主敬⑧则身强。敬之一字,孔门持以教人。春秋士大夫亦常言之,至程朱则千言万语不离此旨。内而专静纯一,外而整齐严肃,敬之工夫也;出门如见大宾,使民如承大祭,敬之气象也;修己以安百姓,笃恭⑨而天下平,敬之效验也。程子谓上下一于恭敬,则天地自位,万物自育,气无不和,四灵⑩毕至。聪明睿智,皆由此出。以此事天飨帝,盖谓敬则无美不备也。吾谓敬字切近之效,尤在能固人肌肤之会,筋骸之束。庄敬日强,安肆⑪日偷,皆自然之征应,虽有衰年病躯,一遇坛庙祭献之时,战阵危急之际,亦不觉神为之悚,气为之振,斯足知敬能使人身强矣。若人无众寡,事无大小,一一恭敬,不敢懈慢,则身体之强健,又何疑乎?

三曰求仁则人悦。凡人之生,皆得天地之理以成性,得天地之气以成形,我与民物,其大本乃同出一源。若但知私己,而不知仁民爱物,是于大本一源之道已悖而失之矣。至于尊官厚禄,高居人上,则有拯民溺救民饥之责。读书学古,粗知人义,即有觉后知、觉后觉⑫之责。若但知自了,而不知教养庶汇,是于天之所以厚我者辜负甚大矣。

孔门教人,莫大于求仁,而其最切者,莫要于欲立立人、欲达达人⑬数语。立者自立不惧,如富人百物有余,不假外求;达者四达不悖,如贵人登高一呼,群山四应。人孰不欲己立己达,若能推以立人达人,则与物同春矣。后世论求仁者,莫精于张子之《西铭》⑭。彼其视民胞物与,宏济群伦,皆事天者性分当然之事。必如此，乃可谓之人，不如此，则曰悖德，曰贼。诚如其说，则虽尽立天下之人，尽达天下之人，而曾无善劳之足言，人有不悦而归之者乎？

四曰习劳则神钦。凡人之情，莫不好逸而恶劳，无论贵贱智愚老少，皆贪于逸而惮于劳，古今之所同也。人一日所着之衣所进之食，与一日所行之事所用之力相称，则旁人赃[15]之，鬼神许之，以为彼自食其力也。若农夫织妇终岁勤动，以成数石之粟数尺之布，而富贵之家终岁逸乐，不营一业，而食必珍羞，衣必锦绣，酣豢[16]高眠，一呼百诺，此天下最不平之事，鬼神所不许也，其能久乎？

古之圣君贤相，若汤之昧旦丕显，文王日昃不遑[17]，周公夜以继日坐以待旦，盖无时不以勤劳自励。《无逸》一篇，推之于勤则寿考，逸则夭亡，历历不爽[18]。为一身计，则必操习技艺，磨炼筋骨，困知勉行，操心危虑，而后可以增智慧而长才识。为天下计，则必己饥己溺，一夫不获，引为余辜。大禹之周乘四载，过门不入，墨子之摩顶放踵[19]，以利天下，皆极俭以奉身，而极勤以救民。故荀子好称大禹、墨翟之行，以其勤劳也。

军兴以来，每见人有一材一技、能耐艰苦者，无不见用于人，见称于时。其绝无材技、不惯作劳者，皆唾弃于时，饥冻就毙。故勤则寿，逸则夭，勤则有材而见用，逸则无能而见弃，勤则博济斯民，而神祇钦仰，逸则无补于人，而神鬼不歆。是以君子欲为人神所凭依，莫大于习劳也。

余衰年多病,目疾日深,万难挽回,汝及诸侄辈身体强壮者少,古之君子修己治家,必能心安身强而后有振兴之象,必使人悦神钦而后有骈集之祥。今书此四条,老年用自儆惕,以补昔岁之愆;并令二子各自勖勉,每夜以此四条相课,每月终以此四条相稽㉓,仍寄诸侄共守,以期有成焉。

同治十年十一月

【注释】

①此篇为曾国藩遗书,后成为曾家世世代代的家训。

②慎独:在独处中谨慎不苟。

③好色:美好的容颜,美色。

④自慊:自足,自快。

⑤戒慎恐惧:出自《礼记·中庸》。就是在人看不到的地方也常警惕谨慎,在人听不到的地方也常唯恐有失。

⑥自反而缩:出自《孟子·公孙丑上》。意思是,自我反省之后能够理直气壮,无愧于心。

⑦怍:惭愧。

⑧主敬:宋代理学家程颐提出的一种道德修养方法,始见于《论语·子路》"居处恭,执事敬"和《周易·文言》"敬以直内,义以方外"。程颐认为,进学在于致知,涵养则在于敬。后来朱熹和王阳明均有阐发。

⑨笃恭:纯厚恭敬。

⑩四灵:古代神话中掌东西南北四方之神。

⑪安肆：安乐放纵。

⑫觉后知、觉后觉：语出《孟子》："天之生此民也，使先知觉后知，使先觉觉后觉也。""觉后知"即发觉事物的端倪后就可以推理知道事物的全貌，"觉后觉"是指发觉事物的表象之后就可以察觉到事物更深层次的内容。

⑬欲立立人、欲达达人：《论语》："己欲立而立人，己欲达而达人。"仁德的人，自己想成功首先使别人也能成功，自己想被人理解，首先要理解别人。根据自己内心的体验来推测别人的思想感受，达到推己及人的目的。

⑭《西铭》：北宋哲学家、理学奠基者张载晚年所作，曾将其刻录于学堂窗户之侧，以教育警示弟子。此篇之核心思想在于：以乾坤，天地，和父母（含男女，夫妇及家庭）为一体，以乾坤确立起感通之德能，阐明此德能如何从个体之身位向家庭或家政展开，并推达到天下。

⑮韪：肯定，认为是对的。

⑯酣豢：谓沉醉于某种情境。

⑰日昃不遑：忙得到天黑都没有休息。日昃：太阳偏西，约下午二时左右。不遑：无暇，没有闲暇。

⑱不爽：指不差；没有差错。语出《诗·小雅·蓼萧》："其德不爽，寿考不忘。"

⑲摩顶放踵：摩秃了头顶，走破了脚跟。书面语，形容不辞辛劳，舍己为人。

⑳稽：考核。

【点评】

慎独、主敬、求仁、习劳，是曾国藩日记中的四门日课，也是其毕生做人智慧的结晶。

同治九年九月二十二日，曾国藩在处理完天津教案后，调两江总督，准备南下金陵。晚上，他在天津寓所写下日记："是日细思古人功夫，其效之尤著者约有四端：曰慎独则心泰，曰主敬则身强，曰求仁则人悦，曰思诚则神钦。慎独者，遏欲不忽隐微。循理不问须臾，内省不疚，故心泰。主敬者，外而整齐严肃，内而专静纯一，斋庄不懈，故身强。求仁者，体则存心养性，用则民胞物与，大公无我，故人悦。思诚者，心则忠贞不贰，言则笃实不欺。至诚相感，故神钦。四者之功夫果至，则四者之效验自臻。余老矣，亦尚思少致吾功，以求万一之效耳。"

第一，慎独则心安。慎独，即独处时严格要求自己，不妄取、不苟为。慎独是封建士大夫的至高道德标准，指在无人监督的情况下言行一致的高度自律。《大学》有云："所谓诚其意者，毋自欺也。……故君子必慎其独也。"《中庸》有云："莫见乎隐，莫显乎微，故君子慎独也。"慎独是一种至高的精神境界，更是一朵开在无人幽谷里的花。曾国藩早年曾写过一篇题为《君子慎独论》的文章，在他看来，君子独处时很谨慎，会利用清静的环境，思考家庭和个人的得失，反省自己为人处世上的经验教训。他说："自修之道，莫难于养心，养心之难，又在慎独。"面对战功赫赫、日益骄横的下属和变幻莫测的官场争斗，曾国藩能够始终坚韧和隐忍，和其在慎独上下的功夫不无关系。

第二，主敬则身强。主敬是曾国藩的做人之道，做事之道，在他看来："聪明睿智，皆由敬出。"对人强调严肃整齐，庄重有礼，这是敬人；对己强调心无杂念，谨慎小心；做事则兢兢业业、认真踏实，这是敬业。曾国藩敬神、敬刑、敬民、敬位，对天下时刻保持一颗恭敬、敬畏之心。他打仗强调"七分天意，三分人力"，这是"敬神"；对刑罚保持敬畏，这是"敬刑"；意识到水能载舟，亦能覆舟，对百姓敬畏，这是"敬民"。对自己的位置和权力有所敬畏，这是"敬位"。

第三，求仁则人悦。仁是仁爱，是推己及人的善意，是"己所不欲，勿施于人"的不强迫，是"己欲立而立人，己欲达而达人"的成全与宽容。求仁则心胸要宽厚，有爱心。儒家从道德上做出先验性承诺说："积善之家，必有余庆；积不善之家，必有余殃。"所以，求仁者必得仁。

第四，习劳则神钦。曾国藩常常要求家中子弟要保持耕读之家的本色，即进可以走科举之路封王拜相，退可以过自食其力丰衣足食的小康生活。《三国演义》里说："荣者自安安，庸者定碌碌。"一个人衣食住行要与他所行之事、所用之力相匹配，善于劳动并善于思考者才可能安享荣华富贵。每天用劳动磨砺心志，有时候并非为了神钦人赞，而不过是用更多的勤奋配得上更大的成功。

做人篇

致沅弟 求强在自修处，不在胜人处

沅弟左右：

九月初六接弟八月二十七八日信，初十日接初五樊城所发之信，具悉一切。

顺斋一事业已奏出，但望内召①不甚着迹，换替者不甚掣肘，即为至幸。弟谓命运作主，余素所深信；谓自强者每胜一筹，则余不甚深信。凡国之强，必须多得贤臣工；家之强，必须多出贤子弟。此亦关乎天命，不尽由于人谋。至一身之强，则不外乎北宫黝、孟施舍②、曾子三种。孟子之集义而慊，即曾子之自反而缩也。惟曾、孟与孔子告仲由之强③，略为可久可常。此外斗智斗力之强，则有因强而大兴，亦有因强而大败。古来如李斯、曹操、董卓、杨素，其智力皆横绝一世，而其祸败亦迥异寻常。近世如陆、何、肃、陈④亦皆予知自雄，而俱不保其终。故吾辈在自修处求强则可，在胜人处求强则不可。福益外家若专在胜人处求强,其能强到底与否尚未可知⑤。即使终身强横安稳,亦君子所不屑道也。

贼匪此次东窜,东军小胜二次,大胜一次,刘、潘大胜一次,小胜数次,似已大受惩创,不似上半年之猖獗。但求不窜陕、洛,即窜鄂境,或可收夹击之效。余定于明日请续假一月,十月请开各缺,仍留军营,刻一木戳,会办中路剿匪事宜而已。余详日记中。顺问近好。

同治五年九月十二日

【注释】

①内召:被皇帝召见。

②北宫黝、孟施舍:北宫黝和孟施舍都是孟子认为有勇的人,北宫黝培养勇气的方法是:对别人寸步不让,事事都要求胜过别人。孟子认为他像子夏一样全面钻研,懂得很多。孟施舍培养勇气的方法是:没有胜利的把握也无所畏惧,一往无前。孟子认为他像曾子一样,对道十分专一。

③孔子告仲由之强:出自《论语·述而》:"子路曰:'子行三军,则谁与?'子曰:'暴虎冯河,死而无悔者,吾不与也。必也临事而惧,好谋而成者也。'"

④陆、何、肃、陈:陆,即两江总督陆建瀛,咸丰三年死于太平军手中。何,即陆之后的两江总督何桂清,咸丰十年,在太平军的打击下弃城逃命,后被朝廷斩首。肃,即肃顺,顾命八大臣的首领,后被慈禧杀头示众。陈,即陈孚恩,

做过军机大臣、尚书,肃顺党羽,后被抄家,发配新疆。此四人的共同特点是为人强悍而下场悲惨。

⑤ "福益外家"句:福气和利益实乃外物,君子苟能自明强,则福利何忧不至,专务胜人则南辕北辙矣。

【点评】

曾国藩写此信的背景,为时任湖北巡抚的曾国荃不听曾国藩劝告,上折弹劾上司湖广总督官文,结果落得结怨官场,自取其辱。

曾国藩和曾国荃性格、为人以及所信奉的人生哲学不尽相同。曾国藩为人谦谨,虑事周密,时刻苦练内功,信奉"自修处求强",而曾国荃性格外露、桀骜不驯、不服输、不服人,更多在"自强者每胜一筹"。

曾国藩告诫曾国荃要藏锋内敛、自修求强。他举例说在胜人处求强可以成功,亦可大败。董卓才干非凡,却在极度膨胀的野心中迷失自我;曹操一代枭雄,却挟天子以令诸侯;杨素为隋炀帝立下汗马功劳,却贪图荣华富贵……他们最终都不得善终。

曾国藩推崇孔子和曾子的强者论,认为遇事要能忍,要有勇有谋,而不是一味地蛮干。自己若不占理,即便对方卑贱,也不欺侮;倘若自己手握正义,即便对方千军万马,也勇往直前。一个人应努力增强自身的才干和修为,在事业中去获得成就,用不着去忌妒、打击别人。因为专门在对付别人上下功夫的人,只不过是色厉内荏,算不上真正的强者。

处世篇

小說

致温弟 | 家人天亲之地，亦须委曲以行

温甫六弟左右：

五月二十九、六月初一连接弟三月初一、四月二十五、五月初一三次所发之信，并四书文二首，笔仗实实可爱。

信中有云："于兄弟则直达其隐，父子祖孙间不得不曲致其情。"此数语有大道理。余之行事，每自以为至诚可质天地，何妨直情径行。昨接四弟信，始知家人天亲之地，亦有时须委曲以行之者。吾过矣，吾过矣。

香海为人最好，吾虽未与久居，而相知颇深，尔以兄事之可也。丁秩臣、玉衡臣两君，吾告未见，大约可为尔之师。或师之，或友之，在弟自为审择。若果威仪可测、淳实宏通，师之可也；若仅博雅能文，友之可也。或师或友，皆宜常存敬畏之心，不宜视为等夷①，渐至慢亵，则不复能受其益矣。

尔三月之信所定功课太多，多则必不能专，万万不可。

后信言已向陈季牧借《史记》，此不可不熟看之书。尔既看《史记》，则断不可看他书。功课无一定呆法，但须专耳。余从前教诸弟，常限以功课。近来觉限人以课程，往往强人以所难，苟其不愿，虽日日遵照限程，亦复无益。故近来教弟，但有一"专"字耳。"专"字之外，又有数语教弟，兹特将冷金笺写出。弟可贴之座右，时时省览，并抄一付寄家中三弟。

香海言时文须学《东莱博议》，甚是。尔先须过笔圈点一遍，然后自选几篇读熟，即不读亦可。无论何书，总须从首至尾通看一遍，不然，乱翻几叶，摘抄几篇，而此书之大局精处，茫然不知也。

学诗从《中州集》入亦好，然吾意读总集，不如读专集。此事人人意见各殊，嗜好不同。吾之嗜好，于五古则喜读《文选》，于七古则喜读《昌黎集》，于五律则喜读杜集，七律亦最喜杜诗，而苦不能步趋，故兼读《元遗山集》。吾作诗最短于七律，他体皆有心得，惜京都无人可与畅语者。尔要学诗，先须看一家集，不要东翻西阅；先须学一体，不可各体同学，盖明一体则皆明也。凌笛舟最善为律诗，若在省，尔可就之求教。

习字，临《千字文》亦可，但须有恒。每日临帖一百字，万万无间断，则数年必成书家矣。陈季牧最喜谈字，且深思善悟。吾见其寄岱云信，实能知写字之法，可爱可畏。尔可从之切磋，此等好学之友愈多愈好。

来信要我寄诗回南，余今年身体不甚壮健，不能用心，

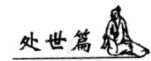

故作诗绝少,仅作《感春诗》七古五章,慷慨悲歌,自谓不让陈卧子,而语太激烈,不敢示人。余则仅作应酬诗数首,了无可观。顷作《寄贤弟诗》二首,弟观之以为何如?京笔现在无便可寄,总在秋间寄回。若无笔写,暂向陈季牧借一支,后日还他可也。

兄国藩手草

道光二十三年六月初六日

【注释】

①等夷:同辈或同等的人。

【点评】

曾国藩四弟曾国潢对大哥的说话之道颇有不满:"于兄弟则直达其隐,父子祖孙间不得不曲致其情。"曾国藩反思自己:"余之行事,每自以为至诚可质天地,何妨直情径行。""始知家人天亲之地,亦有时须委曲以行之者。"曾国藩是个悟性极高且知错就改的人,在他的带兵、御人之道中,最为人津津乐道的便是他的名言:"扬善于公庭,规过于私室。"

说话之道即做人之道。有人说,我们最大的错误就是把最差的脾气和最糟糕的一面都展露给了最亲近的人,而把最美好和最完美的一面却留给了陌生人。"因为亲近,所以坦率",不足以成为我们对家人宣泄、放肆、有恃无恐的借口。最正确的方式莫过于提高解决问题以及掌控情绪的能力。

致诸弟 | 凡事皆贵专

四位老弟左右：

正月二十三日接到诸弟信，系腊月十六在省城发，不胜欣慰。四弟女许朱良四姻伯之孙，兰姊女许贺孝七之子，人家甚好，可贺。惟蕙妹家颇可虑，亦家运也。

六弟、九弟今年仍读书省城，罗罗山兄处附课甚好。既在此附课，则不必送诗文与他处看，以明有所专主也。凡事皆贵专。求师不专，则受益也不入；求友不专，则博爱而不亲。心有所专宗，而博观他途以扩其识，亦无不可。无所专宗，而见异思迁，此眩彼夺，则大不可。罗山兄甚为刘霞仙、欧晓岑所推服，有杨生（任光）者，亦能道其梗概，则其可为师表明矣，惜吾不得常与居游也。在省用钱，可在家中支用（银三十两则够二弟一年之用矣，亦在吾寄一千两之内），予不能别寄与弟也。

我去年十一月二十日到京，彼时无折差回南，至十二月中旬始发信，乃两弟之信骂我糊涂。何不检点至此！赵子舟与我同行，曾无一信，其糊涂更何如耶？余自去年五月底至腊月初未尝接一家信。我在蜀可写信由京寄家，岂家中信不可由京寄蜀耶？又将骂何人糊涂耶！凡动笔不可不检点。

陈尧农先生信至今未接到。黄仙垣未到京。家中付物，难于费心，以后一切布线等物，均不必付。九弟与郑、陈、冯、曹四信，写作俱佳，可喜之至。六弟与我信字太草率，此关乎一生福分，故不能不告汝也。四弟写信语太不圆，由于天分，吾不复责。余容续布，诸惟心照。

兄国藩手具
道光二十四年正月二十六日

【点评】

专与博，事关个人知识体系的建构，是培养技能与做研究绕不过的命题。

曾国藩在信中提到了六弟、九弟的师傅罗罗山，即罗泽南。罗泽南家贫不幸，十年间接连死了十一位亲人，而罗泽南意志坚强，三十三岁中秀才后，以塾师为业，专攻理学，成了有名望的学者。

君子从物应物，道达则务简，务简则不多能也。现代社会，知识量大，分工明细，需要专门人才，而像达·芬奇一样纵横十几个领域并均有不凡建树的全才越来越少。

博是基础，专有所成。博与专是相辅相承的关系，应把二者统一起来：在博的基础上，根据喜好找出兴趣所在，专一精进，在某个方向取得突破后，专攻一域，攻之越深越会发现局限，博就成了一种自然的需要。由博至专，由专返博，最终才能实现博大精深！

致诸弟 | 不可占人便宜，不可轻取人财

澄侯、子植、季洪三弟足下：

自四月二十七日得大考谕旨以后，二十九日发家信，五月十八又发一信，二十九又发一信，六月十八又发一信，不审俱收到否？二十五日，接到澄弟六月一日所发信，具悉一切，欣慰之至。

发卷所走各家，一半系余旧友，惟屡次扰人，心殊不安，我自从己亥年在外把戏，至今以为恨事。将来万一作外官，或督抚，或学政，从前施情于我者，或数百，或数千，皆钓饵也。渠若到任上来，不应则失之刻薄，应之则施一报十，尚不足满其欲，故自庚子到京以来，于今八年，不肯轻受人惠，情愿人占的便益，断不肯我占人的便益，将来若作外官，京城以内，无责报于我者，澄弟在京年余，亦得略见其概矣。此次澄弟所受各家之情，成事不说，以后凡事不可占人半点

便益，不可轻取人财，切记切记。

彭十九家姻事，兄意彭家发泄将尽，不能久于蕴蓄，此时以女对渠家，亦若从前之以蕙妹定王家也。目前非不华丽，而十年之外，局面亦必一变。澄弟一男二女，不知何以急急定婚若此？岂少缓须臾，即恐无亲家耶？贤弟行事，多躁而少静，以后尚期三思。儿女姻缘，前生注定，我不敢阻，亦不敢劝，但嘱贤弟少安无躁而已。

京寓中大小平安，纪泽读书，已至"宗族称孝焉"，大女儿读书，已至"吾十有五"。前三月买驴子一头，顷赵炳堃又送一头，二品本应坐绿呢车，兄一切向来俭朴，故仍坐蓝呢车。寓中用度，比前较大，每年进项亦较多（每年俸银三百两、饭银一百两）。其他外间进项，尚与从前相似。

同乡人皆如旧。李竹屋在苏寄信来，立夫先生许以干馆，余不一一。

兄国藩手草
道光二十七年六月二十七日

【点评】

受人一分恩情，当以十分相报。身在官场，曾国藩深知人情债难还，拿国家的利益去还私人的人情，容易在政治上犯错误。所以曾国藩以自己"不肯轻受人惠，情愿人占的便益，断不肯我占人的便益"，来告诫诸弟"凡事不可占人半点便益，不可轻取人财"。

一个"贪"字误终生。吃人嘴软，拿人手短，有些人为了还人情把前程毁了，有的甚至把命都搭上了。古代的刺客专诸、豫让、荆轲等都曾"受非分之情"，所以甘愿"士为知己者死"。"受非分之情，恐办非分之事"，所以最明智的做法便是不受。

不占便宜才能不吃亏，老占别人便宜的人最终会以吃亏告终。爱贪小便宜的人多是些无大智慧、见利忘义、爱耍小聪明的人，他们只能看到眼前利益，没有长远顾虑。除了不占人便宜，曾国藩还提出不要断人财路。俗话说断人财路犹如杀人父母，而阻人前途者更甚，必遭报复。利字当头，当有三看，一是要看得远，二是要看得宽，三是要看得淡，如此才不至于被蝇头小利蒙住了眼，才不会因小失大，得不偿失。

致诸弟 | 面不露得意声色，心必存哀矜意思

澄侯、温甫、子植、季洪四弟左右：

十一月十四发第十四号家信，不知收到否？十二月初九接到家中十月十二一信（内有酒药）、十一月初一日一信、初十日一信，具悉一切。

家中改屋，有与我意见相同之处。我于前次信内曾将全屋画图寄归，想已收到。家中既已改妥，则不必依我之图矣。但三角丘之路，必须改于檀山嘴下，而于三角丘密种竹木。此我画图之要嘱，望诸弟禀告堂上，急急行之。家中改房，亦有不与我合意者，已成则不必再改。但六弟房改在炉子内，此系内外往来之屋，欲其通气，不欲其闷塞，余意以为必不可，不若以长横屋上半节间断作房为妥（连间两隔，下半节作横屋客坐，中间一节作过道，上半节作房）。内茅房在石柱屋后，亦嫌太远，不如于季洪房外高磡打进去七八尺（即旧茅房沟对过之磡，若打进丈余，则与上首栗树处同宽），既可起茅房、澡堂，而后边地面宽宏，家有喜事，碗盏、菜货亦有地安置，不至局促，不知可否？

家中丽参已完，明春得便即寄。彭十九之寿屏，亦准明春寄到。此间事务甚多，我又多病，是以迟迟。

澄弟办贼，甚快人心，然必使其亲房人等，知我家是图地方安静，不是为一家逞势张威，庶人人畏我之威，而不恨我之太恶。贼既办后，不特面上不可露得意之声色，即心中亦必存一番哀矜的意思。诸弟人人当留心也。

罗芸皋坐东皋，求我援引，此刻想已无及矣（我想写一信与师令及伍府尊，此次又赶不及）。且如何援引之法，须写信告我。渠前年存银二十二两在我处，昨托张楠皆带交还渠。张言途中要借用，我已答应，嘱渠到家即办，交邵阳彭筱房转寄芸皋，并作书告筱房矣，明春可问芸皋看收到否。征一表叔在我家教读甚好，此次未写信请安，诸弟为我转达。张豆付（和尚之称如此）写信寄南，殊为可恶！我付之不理，若并未接到此信者然，渠亦无如之何。

同乡周荇农家之鲍石卿，前与六弟交游，近因在妓家饮酒（十一月初六日荇农之母生日，席散鲍即出游），提督府捉去交刑部革去供事。而荇农、荻舟尚游荡不畏法，真可怪也！

余近日常有目疾，余俱康泰，内人及二儿四女皆平安，小儿甚胖大。西席庞公拟十一回家，正月半来，将请李笔峰代馆。宋芗宾在道上仆跌断腿（宋有与六弟信），五十余天始抵樊城，大可悯也。余不一一。

国藩手草
道光二十八年十二月初十日

【点评】

　　清初《朱柏庐治家格言》中说："人有喜庆，不可生妒忌心。人有祸患，不可生喜幸心。"澄弟惩办地方上的黑势力之后，曾国藩告诫他："不特面上不可露得意之声色，即心中亦必存一番哀矜的意思。"

　　"拙诚"既是一个人道德修养的境界，也是一种收拾人心的权术。曾国藩守"拙诚"之道，却并非迂腐之人。他自称"久历世变"，实际上深谙权术。

　　对于重义之人，如彭玉麟、塔齐布，他能够待之以诚，使他们成为自己的心腹。对于李世忠、苗沛霖等首鼠两端之辈，有用时他百般抚慰，不用后他则一再打压，将其消灭。对于老练世故的李鸿章，他则有张有弛，小处可让，大局必争，既不一心笼络，更不反目。

　　曾国藩说自己"以朴拙之人而讲权术，是以且愧且憾，无地自容"，并为此反思："吾自信亦笃实人，只为阅历世途，饱更事变，略参此机权作用，把自家学坏了。"

　　讲拙诚，亦讲权术。真心也罢，掩饰也罢，放低姿态，宁可傻一点儿，把精明藏起来，反倒不易授人以柄。

致诸弟 | 毋买田，略积钱

四位老弟足下：

去腊初十日发戊申第十八号家信，厥后二十六日接温弟在湖北所发信，正月初八日，接诸弟腊月十五所发信，而温弟在河南托邹墨林转寄一信，则至今未到，澄弟十一月十九所发一信，亦至今未到也，澄弟生子，庆贺庆贺！吾与澄弟，去年报最，今年轮应温、植、洪三人报最矣，但植弟之妇，闻已有吉语，恐政成当在温弟之前，植弟未免疾行先长耳，四位弟妇，问皆率母亲、叔母之教，能勤能俭，予闻之不胜欣喜！已办有材料，今春为四弟妇各制一衣，觅便即行寄回。

澄弟捐监执照，说准于今年寄回，父亲名书"呈祥"，取麟趾呈祥之义也，前年温弟捐监，叔父名书"呈材"，取天骥呈材之义也。当时恐六弟尚须小试，故捐监填名略变，以为通融地步。而今温弟既一成不易，故用"呈祥"配"呈材"，暗寓"麟"字"骥"字于中。将来即分两房，曰呈祥房，曰呈材房，亦免得直写父叔官名耳。

李子山、曾希六族伯，托我捐功名，其伙计陈体元亦托捐。我丁酉年在栗江煤垅，此二人待我不薄。若非煤垅之钱，则丁酉万不能进京。渠来托我，不能不应，拟今岁为之办就，其银钱嘱渠送至我家，有便将执照付至家中。渠银钱一到，即发执照与渠可也；即未收全，亦可发也。丁酉年办进京盘费，如朱文八、王隧三、隧六等，皆分文不借，则曾、陈二人，岂可不感也哉！现在乔心农放常德知府，二月出京。四弟监照与二人执照，大约可托渠带至湖南也。

去年年内，各族戚之钱，不知如数散给否？若未给，望今春补给，免得我时时挂心，考试者十千，及乞丐之十千，不审皆给否？务乞详以示我。

竹山湾找当价，不知比楚善叔一头原价何如？乞明告我，即买竹山湾，又买庙堂上，银钱一空，似非所宜，以后望家中毋买田，须略积钱，以备不时之需。

植弟诗才颇好，但须看古体专集一家，乃有把握，万不可徒看选本；植弟则一无所看，故无把握也，季洪诗文，难于进功，须用心习字，将来即学叔父之规模，亦有功于家庭。

纪泽儿自去腊庞先生归河间，请李碧峰来代馆，日加奖护，悟性大进，一日忽自作四言诗一篇，命题曰《舜征有苗篇》，余始不信；次日余与黄翥吾面试之，果能清顺，或者得祖父德荫，小有成就，亦未可知。兹命其誊出寄呈堂上，以博一笑。然记性不好，终不敢信其可造也。

兹寄回正月初一至初十日上谕及宫门抄，以后按月寄归。予身体平安，家中大小如常，二儿肥胖，余不一一。

兄国藩手草
道光二十九年正月初十日

【点评】

曾国藩早年的京官生涯相当拮据，"无钱""借""欠""窘"等字眼常常出现在家书中，但即使如此，他也按时寄钱回家，宁可自己这个小家庭负债，也要支撑大家庭的用度。

林则徐的父亲曾在家训中写过一副对联："粗衣淡饭好些茶，这个福老夫享了；齐家治国平天下，此等事由儿任之。"曾国藩父亲曾麟书曾略作改动："有子孙有田园家风半耕半读，但以箕裘承祖泽；无官守无言责世事不闻不问，且将艰巨付儿曹。"

曾国藩继承父亲的治家经验，将林则徐作为榜样。他写信给曾国荃说："昔年林文忠公有三个儿子，分家时各人仅得钱六千串。林公身膺督抚要职二十余年，其家底清寒如此，高风劲节，实不可及。我辈兄弟实在应向林公学习。"对于钱财，曾国藩认为，够花就好，可以略微有结余，以备不时之需。他强调处乱世时，家中现银以不宜超过一年所用为度。

从道光年间开始，曾国藩便反对家里置买私田，及至后来咸丰、同治年间更是屡次劝阻家人，这是因为曾国藩受祖父影响至深。他曾说："昔祖父在时，每讥人家好积私财者为将败之征。"

致诸弟 | 若非道义可得,不可轻受

澄侯、温甫、子植、季洪四位老弟足下:

正月初六日接到家信三函:一系十一月初三所发,有父亲手谕,温弟代书者;一系十一月十八所发,有父亲手谕,植弟代书者;一系十二月初三澄弟在县城所发一书,甚为详明,使游子在外,巨细了然。

庙山上金叔,不知为何事而可取腾七①之数?若非道义可得者,则不可轻易受此。要做好人,第一要在此处下手,能令鬼服神钦,则自然识日进、气日刚。否则不觉堕入卑污一流,必有被人看不起之日,不可不慎。诸弟现处极好之时,家事有我一人担当,正当做个光明磊落、神钦鬼服之人,名声既出,信义既著②,随便答应,无事不成,不必爱此小便宜也。

父亲两次手谕,皆不欲予乞假归省,而予之意,甚思日侍父母之侧,不得不为迎养之计。去冬家书,曾以归省、迎养二事，与诸弟相商；今父亲手示既不许归省，则迎养之计更不可缓。所难者，堂上有四位老人，若专迎父母而不迎叔父母，不特予心中不安，即父母心中亦必不安。若四位并迎，则叔母病未全好，远道跋涉尤艰。予意欲于今年八月初旬，迎父亲、母亲、叔父三位老人来京，留叔母在家，诸弟妇细心伺候，明年正月元宵节后，即送叔父回南，我得与叔父相聚数月，则我之心安。父母得与叔父同行数千里到京，则父母之心安。叔母在家半年，专雇一人服侍，诸弟妇又细心奉养，则叔父亦可放心。叔父在家，抑郁数十年，今出外潇洒半载，又得观京师之壮丽，又得与侄儿、侄妇、侄孙团聚，则叔父亦可快畅。在家坐轿至湘潭，澄侯先至潭雇定好船，伺候老人开船后，澄弟即可回家，船至汉口，予遣荆七在汉口迎接，由汉口坐三乘轿子到京，行李婢仆，则用小车，甚为易办。求诸弟细商堂上老人，春间即赐回信，至要至要！

李泽显、李英灿进京，余必加意庇护。八斗冲地，望绘图与我看。诸弟自侍病至葬事，十分劳苦，我不克帮，心甚歉愧！

京师大小平安。皇太后大丧，已于正月七日二十七日满，脱去孝衣。初八日系祖父冥诞，我作文致祭，即于是日亦脱白孝，以后照常当差。心中万绪，不及尽书，统由续布。

兄国藩手草
道光三十年正月初九日

【注释】

①腾七：曾国藩某位姑姑之子。

②著：建立。

【点评】

  人皆爱财，有的人为了谋财，不择手段，短时间可能会获利颇多，但长此以往，必然遭人唾弃，甚至身陷囹圄。君子是有节操、重德行的人，君子获得财富时必然会遵循一定的原则，这个原则就是道。对于不义之财，曾国藩的看法是："若非道义可得者，则不可轻易受此。"

  君子爱财，取之有道。财富谁都喜欢，但必须合法获取。如果用不正当手段夺取财富，则必定会损害他人的利益。浊富不若清贫，与其守着金山银山惶惶不可终日，不如安贫乐道却吃得舒坦、睡得安稳。苏轼曾经写过一首《酒色财气歌》："饮酒不醉最为高，见色不迷是英豪。世财不义切莫取，和气忍让气自消。"

  人要有正确的财富观。不义之财是蚀人心灵而不显的恶魔，是一种可怕的诅咒。因而，每个人都要通过自己的努力去实现财富的增加和生活的富足。

曾国藩家书

致沅弟 | 危疑震撼之际，愈当澄心定虑

沅浦九弟左右：

初六日俊四等至，接二十八夜来缄，具悉二十五日业经拔营，军容整肃，至以为慰。

吉安殷富，甲于江西，又得诸绅倾诚输助，军饷自可充裕。周梧冈一军同行，如有银钱，宜分多润寡①，无令己肥而人独瘠。梧冈暗于大局，不能受风浪，若扎营放哨、巡更发探、开仗分枝，究系宿将，不可多得。主事匡汝谐在吉安招勇起团，冀图袭攻郡城，闻湖南援吉之师将别出一枝，起而相应。若与弟军会合，宜善待之。

袁州既克，刘、萧等军当可进攻临江，六弟与普、刘在瑞声威亦可日振。弟与夏、黄诸兄到吉安时，或宜速行抽动，或宜久顿不移，亦当相机办理。若周军与桂、茶诸军足以自立，弟率湘人雕剿来江，兄弟年内相见，则余之所欣慰者也。

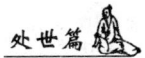

军事变幻无常,每当危疑震撼之际,愈当澄心定虑,不可发之太骤。至要至嘱。

咸丰六年十一月初七日

【注释】

①分多润寡:把多的分出来,安抚贫寡的。

【点评】

《大学》云:"知止而后有定,定而后能静,静而后能安,安而后能虑,虑而后能得。"《孙子兵法》云:"将军之事:静以幽,正以治。"古人形容有为将相的气度是"猝然临之而不惊,无辜加之而不怒""泰山崩于前而色不变,麋鹿兴于左而目不瞬"。以上说的正是静字工夫。

曾国荃初次带兵,率吉字营向吉安进发,曾国藩以信授机宜:银钱上要分多润寡,用人上要看到同事的长处和短板,最重要的一条便是危难时刻要有定力、心思澄明。曾国藩曾以下棋喻打仗:"凡善弈者,每于棋危劫急之时,一面自救,一面破敌,往往因病成妍,转败为攻,善用兵者亦然。"危中有机,一面应对,一面发现和把握机会,才能做到转败为胜。

"静"是中国传统文人寒窗苦读积淀而成的做人品质和审美追求。《荀子》云:"心何以知?曰:虚一而静。"诸葛亮教育儿子要"静以修身,俭以养德"。《明史·王守仁传》

中描述王守仁:"当危疑之际,神明愈定,智虑无遗,虽由天资高,其亦有得于中者欤。"清朝三代帝师翁同龢更有一副对联:"每临大事有静气,不信今时无古贤。"

　　危险和灾难来临、遭遇重大变故时,即使做不到举重若轻,也要沉着淡定,提醒自己冷静,想一个妥善的处理方案,而不是使危机失控,愈加混乱。

处世篇

致沅弟 | 成大事须规模远大、综理密微

沅甫九弟左右：

二十二日写就一函，拟交首宅来足带省。二十二夜灯后右九、金八归，接弟十五夜所发之信，知十六日已赴吉安矣，遂不寄首宅信。屈指计弟二十四日的可抵营，二十五六当专人归来，今日尚未到家，望眼又复悬悬。

九月二十四日六叔父六旬晋一冥寿，焚包致祭。科一、科四、科六亦往与祭。关秀姑娘于十九日生子。临三、昆八于十月初一日散学，拟初间即往邹至堂处读冬书，亦山先生之所荐也。枚谷先生十月中旬可散学，亦山先生不散学。科四已读《离娄》八叶，科六读至"点尔何如"，工课尚算有常。家中诸事，弟不必挂虑。

吉字中营尚易整顿否？古之成大事者，规模远大与综理密微二者阙一不可。弟之综理密微精力较胜于我。军中器械

其略精者，宜另立一簿，亲自记注，择人而授之。古人以铠仗①鲜明为威敌之要务，恒以取胜。刘峙衡于火器亦勤于修整，刀矛则全不讲究。余曾派褚景昌赴河南采买白蜡杆子，又办腰刀分赏各将弁②，人颇爱重。弟试留心此事，亦综理之一端也。至规模宜大，弟亦讲求及之。但讲阔大者，最易混入散漫一路。遇事颠顶③，毫无条理，虽大亦奚足贵？等差不紊，行之可久。斯则器局宏大，无有流弊者耳！顷胡润芝中丞来书，赞弟有曰"才大器大"四字，余甚爱之。才根于器，良为知言。

湖口贼舟于九月八日焚夺净尽，湖口、梅家洲皆于初九日攻克。三年积愤，一朝雪耻，雪琴从此重游浩荡之宇。惟次青尚在坎窞之中，弟便中可与通音问也。润翁信来，仍欲奏请余出东征。余顷复信，具陈其不宜。不知可止住否？彭中堂复信一缄，由弟处寄至文方伯署，请其转递至京。或弟有书呈藩署，末添一笔亦可。李迪庵近有请假回籍省亲之意，但未接渠手信。渠之带勇，实有不可及处。弟宜常与通信，殷殷请益。

弟在营须保养身体。肝郁最易伤人，余生平受累以此，宜和易以调之也。兹着王芝三赴吉，报家中近日琐事，并问迩好。余俟续具。

　　　　　　　　　　　　　　兄国藩手草

　　　　　　　　　　　　　　咸丰七年十月初四日

外澄弟信一件，温弟信一件，罨山写信一件，陈心壶家信一件，京信一件。

【注释】

①铠仗：甲胄和作战兵器。

②将弁：各级武官的总称。将，将领、高级军官。弁，古时的官帽，通常配礼服用。赤黑色布做叫爵弁，是文冠；白鹿皮做的叫皮弁，是武冠。弁后用以代指武官。

③颟顸（mān hān）：糊涂而马虎，不明事理。

【点评】

咸丰七年二月，曾父麟书病逝，曾国藩在家守制，曾国荃非朝廷官员，无须守三年之期，受江西巡抚之邀，回吉安统领吉字营。此信即曾国藩写给老九曾国荃的信。

曾国藩在信中说："古之成大事者，规模远大与综理密微二者阙一不可。"所谓成大事者，泛指在各个领域取得突出成就的人。儒家讲究"格物、致知、诚意、正心、修身、齐家、治国、平天下"。其中的格物、致知即是综理密微，而治国、平天下即是规模远大。从此处也可以窥见曾国藩的治学渊源与传承。

胡林翼称赞曾国荃"才大器大"，曾国藩在表示欣慰之余，不忘表示"才根于器"。器是一个人的格局，即眼界、胸怀、志向。曾国藩希望弟弟既能从大处着眼，又能从小处着手。

人见其粗，吾见其细，是为精明；人见其近，吾见其远，是为高明。曾国藩总能做到和别人不一样，用民间的话说就是既要低头拉车，又要抬头看路。

致沅弟 | 脚踏实地，克勤小物

沅甫九弟左右：

十二日安五来营，寄第二号家信，谅已收到。

十三日午刻，九弟妇生一女，极为迅速。巳刻余在曾家坳，尚无信息。旋因胡二龙来，余回腰里交付，即闻接内人、四弟妇过去。少顷，龙过曾家坳，则已踏生矣。血晕约大半个时辰，服大补剂，申初全愈。仰仗祖宗福庇，此事平安，弟可放心。

治军总须脚踏实地，克勤小物，乃可日起而有功。凡与人晋接①周旋，若无真意，则不足以感人；然徒有真意而无文饰以将之，则真意亦无所托之以出，《礼》所称"无文不行"②也。余生平不讲文饰，到处行不动，近来大悟前非。弟在外办事宜随时斟酌也。

甲三十三日回家，芝生十三日复来。温弟与李家定二月十三日拨庚。龙达生解元初七、初九宿腰里，初八宿小界家中。四宅平安，不必挂念。顺问近好。

兄国藩手草

闻我水师粮台银两尚有赢余，弟营此时不阙银用，不必解往。若绅民中实在流离困苦者，亦可随便周济。兄往日在营艰窘异常，初不能放手作一事，至今追憾。弟若有宜周济之处，水师粮台尚可解银二千前往。应酬亦须放手，办在绅士百姓身上，尤宜放手也。（十四日又行）

咸丰八年正月十四日

【注释】

①晋接：接触。

②无文不行：没有掌握学问技能，就无法做事。"无文不行"语自《礼记·礼器》"忠信，礼之本也；义理，礼之文也。无本不立，无文不行。"

【点评】

事业起于积微，功名需要寸累。曾国藩的读书笔记《克勤小物》里说："古之成大业者，多自克勤小物而来。百尺之栋，基于平地；千丈之帛，一尺一寸之所积也；万石之钟，一铢一两之所累也。"曾国藩做事讲究勤恳踏实，所以他希望九弟也能如此。脚踏实地，就是不因虚名而遭实祸；克勤小物，就是小事勤恳，细节求实，从小处做到出类拔萃，超乎其上。

　　曾国藩深知"空谈误国,实干兴邦"的道理,他曾说:"天下事在局外呐喊议论,总是无益,必须躬身入局,挺膺负责,方有成事之可冀。"这与他所说的"脚踏实地、克勤小物"是一脉相承的。

致沅弟 | 适意时尽心竭力，做成局面

沅甫九弟左右：

十三日安五等归，接手书，借悉一切。抚、建各府克复，惟吉安较迟，弟意自不能无介介。然四方围逼，成功亦当在六、七两月耳。

家中四宅眷口平安。十二日叔母寿辰，男女共九席，家人等三席。罨山先生十四日来馆，瀛皆先生十五日来馆。澄侯弟于十二晚往永丰一带吊各家之丧，均要余作挽联。余挽贺映南之夫人云："柳絮因风，阃内先芬堪继武（姓谢）；麻衣如雪，阶前后嗣总能文。"挽胡信贤之母云："元女太姬，祖德溯二千余载；周姜京室，帝梦同九十三龄（胡母九十三岁）。"近来精力日减，惟此事尚颇如常。澄弟谓此亦可卜其未遽衰也。

袁漱六之戚郑南乔自松江来，还往年借项二百五十两。

具述漱六近状，官声极好，宪眷极渥，学问与书法并大进，江南人仰望甚至，以慰以愧。

杨家滩周俊大兄号少濂，与余同读同考，多年相好。频年先祖、先考妣之丧均来致情。昨来家中，以久试不进，欲投营博一功名，求荐至吉营。余以功牌可得，途费可赠，保举则不可必。渠若果至吉营，望弟即日填功牌送之，兼送以来往途费。如有机可假，或恰逢克复之日，则望保以从九县丞之类；若无机会，亦不勉强，以全余多年旧好。余昔在军营不妄保举，不乱用钱，是以人心不附，至今以后诟病。近日揣摩风会，一变前志，上次有孙、韩、王之托，此次又有周君之托，盖亦情之不得已者。孙、韩、王三人或保文职亦可，渠辈眼高，久已厌薄千、把也。仙屏在营，弟须优保之，借此以吸引人才。余未能超保次青，使之沉沦下位，至今以为大愧大恨之事。仙屏无论在京在外，皆当有所表现。成章鉴是上等好武官，亦宜优保。

弟之公牍信启俱大长进。上次谢王雁汀一缄，系弟一手所成？抑系魏、彭辈初稿润色？祈复示。吴子序现在何处？查明见复，并详问其近况。

余身体尚好，惟出汗甚多。三年前虽酷暑而不出汗，今胸口汗珠累累，而肺气日弱，常用惕然。甲三体亦弱甚，医者劝服补剂，余未敢率尔也。弟近日身体健否？科四、六体气甚好，科四比弟在家时更为结实，科六则活泼如常，是为可喜。甲五目疾十愈其八，右目光总欠四分耳。余不一一，即问近好。

兄国藩手草
咸丰八年五月十六日

再者，人生适意之时不可多得，弟现在上下交誉，军民咸服，颇称适意，不可错过时会，当尽心竭力，做成一个局面。圣门教人不外"敬""恕"二字，天德王道，彻始彻终，性功事功，俱可包括。余生平于"敬"字无功夫，是以五十而无所成。至于"恕"字，在京时亦曾讲求及之。近岁在外，恶人以白眼貌视京官，又因本性倔强，渐近于愎，不知不觉做出许多不恕之事，说出许多不恕之话，至今愧耻无已！弟于"恕"字颇有工夫，天质胜于阿兄一筹。至于"敬"字，则亦未尝用力，宜从此日致其功，于《论语》之"九思"、《玉藻》之"九容"，勉强行之。临之以庄，则下自加敬。习惯自然，久久遂成德器，庶不至徒做一场话说，四十、五十而无闻也。

兄再行

【点评】

君子成事，既要认清形势，大造声势，又要能控制局势，引导趋势。一个高明的人往往能比别人更早地看清形势，并借以谋划全局。《孟子》云："虽有智慧，不如乘势；虽有镃基，不如待时。"

人生的路很长，但关键的只有几步。因势利导，对客观规律加以运用,是曾国藩成事之智慧。

所谓"时来天地皆同力,运去英雄不自由",人生多数时间是平静的,真正的机会也不过三五次,无论商场还是战场,当局面改变,形势对己有利,大势将成时,一定要有狼一样敏锐的嗅觉,并抓住机会,大胆出击,"尽心竭力,做成一个局面"。而更难能可贵的是,要能够在到达最高点前居安思危,及时收手,然后苦练内功,静候下一个机会。

此外,曾国藩还告诫国荃要存"敬恕"之心,即待人接物要谨慎认真,宽容厚重。

致诸弟 | 祸福由天，善恶由人

澄侯、沅甫、季洪老弟左右：

十三日专吉字营勇送信至家，十七日接澄弟初二日信，十八日接澄弟初五日信，敬悉一切。三河败挫之信，初五日家中尚无确耗，且县城之内毫无所闻，亦极奇矣！

九弟于二十二日在湖口发信，至今未再接信，实深悬系。幸接希庵信，言九弟至汉口后有书于渠，且专人至桐城、三河访寻下落。余始知沅甫弟安抵汉口，而久无来信，则不解何故。岂余近日别有过失，沅弟心不以为然耶？当此初闻三河凶报、手足急难之际，即有微失，亦当将皖中各事详细示我。

今年四月，刘昌储在我家请乩①。乩初到，即判曰："贼得偃武修文，得'闲'字（字谜'败'字）。"余方讶"败"字不知何指，乩判曰："为九江言之也，不可喜也。"余又讶

九江初克，气机正盛，不知何所为而云。然乩又判曰："为天下，即为曾宅言之。"由今观之，三河之挫，六弟之变，正与"不可喜也"四字相应，岂非数皆前定耶？

然祸福由天主之，喜恶由人主之。由天主者，无可如何，只得听之。由人主者，尽得一分算一分，撑得一日算一日。吾兄弟断不可不洗心涤虑，以求力挽家运。第一，贵兄弟和睦。去年兄弟不和，以致今冬三河之变。嗣后兄弟当以去年为戒。凡吾有过失，澄、沅、洪三弟各进箴规之言，余必力为惩改，三弟有过，亦当互相箴规而惩改之。第二，贵体孝道。推祖父母之爱以爱叔父，推父母之爱以爱温弟之妻妾儿女及兰、蕙二家。又，父母坟域必须改葬。请沅弟作主，澄弟不可过执。第三，要实行"勤""俭"二字。内间妯娌不可多写铺帐。后辈诸儿须走路，不可坐轿骑马。诸女莫太懒，宜学烧茶煮菜。书、蔬、鱼、猪，一家之生气；少睡多做，一人之生气。勤者生动之气，俭者收敛之气。有此二字，家运断无不兴之理！余去年在家，未将此二字切实做工夫，至今愧恨，是以谆谆言之。余详日记中，不赘。

咸丰八年十一月二十三日

【注释】

①请乩：请人占卜以问疑。

【点评】

胞弟战死，曾国藩心中悲痛，才说出了类似"须知生死祸福由天定，是非得失不由人"的话，他用这种"数皆前定"的宿命观来宽慰家人，实际上更是在宽慰自己。

曾国藩的高明之处，便在于他永远相信人的能动性，所以他紧接着说"善恶由人"，并强调"尽得一分算一分，撑得一日算一日"。曾国藩的卓绝之处在于他总能将目标具体化，落到实处，让族中子弟有凭可依。为了"力挽家运"，保住家中的生动之气与收敛之气，曾国藩提出三条措施：首先，兄弟和睦，同心协力；其次，遵守孝道，长幼有序，父慈子孝；最后，勤俭持家，甚至细化到如出行不可骑马坐轿、家中妇女须学烧茶煮饭等。

勿以善小而不为，勿以恶小而为之。人之为善，福虽未至，祸已远离；人之为恶，祸虽未至，福已远离。"积善之家，必有余庆。"曾氏家族盛况延续百年而不衰，与曾国藩告诫子孙要积德行善是分不开的。

致诸弟 | 每遇得意之时，即有失意之事

澄侯、沅甫、季洪老弟左右：

十三日写信，专人回家。十五日接澄、沅冬月二十九、三十两缄，得悉叔父大人于二十七患病，有似中风之象。

吾家自道光元年即处顺境，历三十余年，均极平安。自咸丰年来，每遇得意之时，即有失意之事相随而至。壬子科，余典试江西，请假归省，即闻先太夫人之讣。甲寅冬，余克武汉田家镇，声名鼎盛，腊月二十五甫奉黄马褂之赏，是夜即大败，衣服、文卷荡然无存。六年之冬、七年之春，兄弟三人督师于外，瑞州合围之时，气象甚好，旋即遭先大夫之丧。今年九弟克复吉安，誉望[①]极隆，十月初七接到知府道衔谕旨，初十即有温弟三河之变。此四事者，皆吉凶同域，忧喜并时，殊不可解。

现在家中尚未妄动，妥慎之至。余在此则不免皇皇[②]。

所寄各处之信,皆言温弟业经殉节,究欠妥慎,幸尚未入奏。将来拟俟湖北奏报后,再行具疏也。家中亦俟奏报到日,乃有举动。诸弟老成之见,贤于我矣。

叔父大人之病,不知近状何如?兹专法六归,送鹿茸一架,即沅弟前次送我者,此物补精血远胜他药,或者有济③。

迪公、筱石之尸业经收觅,而六弟无之,尚有一线生理。若其同尽,则六弟遗骸必去迪不远。意者其已逃出,如潘兆奎;或暂降,如葛原五乎?家中分用钱项,澄弟意待各炊时再说,余亦无成见,听弟主张可也。沅弟信言"家庭不可说利害话",此言精当之至,足抵万金。余生平在家在外,行事尚不十分悖谬,惟说些利害话,至今悔憾无极。

霞仙请做嫁装,即祈澄弟代做,明年三、四、五月可办婚事。即问近好。

兄国藩手草
咸丰八年十二月十六日

【注释】

①誉望:声誉及名望。

②皇皇:不安。

③济:效果。

【点评】

三河镇之战,曾国华战死。曾国华之死,令曾国藩沉痛异常。他回顾三十年来家中遭遇，得出"每遇得意之时，即有失意之事相随而至"的结论来。

"祸兮福之所倚，福兮祸之所伏"的道理人尽皆知。在现实生活中，由祸变福殊为困难，在这期间，人必须付诸艰苦努力、不懈追求与顽强拼搏。但是由福转祸的例子却不胜枚举，并反复上演。

曾国藩告诫家人要时刻保持一颗平常心，一方面劝慰家人不要过于悲观、一蹶不振，失意之事后，定有否极泰来之时；另一方面，也劝诫家人，得意之时，要懂得惜福，防止乐极生悲。

致沅弟 | 默存一悔字，无事不可挽回

沅弟左右：

鄂督五福堂①有回禄②之灾，幸人口无恙，上房无恙，受惊已不小矣。其屋系板壁纸糊，本易招火。凡遇此等事，只可说打杂人役失火，固不可疑会匪之毒谋，尤不可怪仇家之奸细。若大惊小怪，胡思乱猜，生出多少枝叶，仇家转得传播以为快。惟有处处泰然，行所无事。申甫所谓"好汉打脱牙和血吞"，星冈公所谓"有福之人善退财"，真处逆境者之良法也。

弟求兄随时训示申儆③，兄自问近年得力，惟有一"悔"字诀。兄昔年自负本领甚大，可屈可伸，可行可藏，又每见得人家不是。自从丁巳、戊午大悔大悟之后，乃知自己全无本领，凡事都见得人家有几分是处。故自戊午至今九载，与四十岁以前迥不相同。大约以能立能达为体，以不怨不尤为

用。立者，发奋自强，站得住也；达者，办事圆融，行得通也。吾九年以来，痛戒无恒之弊；看书写字，从未间断；选将练兵，亦常留心，此皆自强能立工夫。奏疏公牍，再三斟酌，无一过当之语、自夸之词，此皆圆融能达工夫。至于怨天本有所不敢，尤人则常不能免，亦皆随时强制而克去之。弟若欲自儆惕④，似可学阿兄丁、戊二年之悔，然后痛下箴砭，必有大进。

"立""达"二字，吾于己未年，曾写于弟之手卷中。弟亦刻刻思自立自强。但于能达处，尚欠体验；于不怨尤处，尚难强制。吾信中言皆随时指点，劝弟强制也。赵广汉本汉之贤臣，因星变而劾魏相，后乃身当其灾，可为殷鉴。默存一"悔"字，无事不可挽回也。

同治六年正月初二日

【注释】

①鄂督五福堂：即湖北巡抚衙门后院，"五福堂"系曾国荃为后院所取名字。

②回禄：传说中的火神，指火灾。

③申儆：儆戒；训戒。

④儆惕：敬惕，戒惧。

【点评】

同治五年十二月二十七日，老九曾国荃给曾国藩写信，说"二十二日黎明,五福堂两栋均被火烧",怀疑"非会匪之毒谋,即仇家之奸细",并"当求随时训示申儆为叩"。这才有了曾国藩所说的悔字诀。

悔,即悔过自新。《易·系辞》曰:"震无咎者存乎悔。"即行动而无过失,在于能够悔改。曾国藩写过一篇《悔吝》,他告诫家中子弟:"故大易之道,莫善于悔,莫不善于吝。吾家子第将欲自修,而免于戾,有二语焉,曰:'无好快意之事,常存省过之心。'"曾国藩之悔,不是消极、无用之悔,而是积极主动、战胜自我、超越自我,开创人生新境界的悔。

曾国藩曾引朱熹"悔字如春,万物蕴蓄初发"语,劝诫其弟曾国荃:"当此艰危之际,若能以硬字法冬藏之德,以悔字启春生之机,庶几可挽回一二乎?"事非经过不知艰,曾国荃连遭挫折后,渐有自知之明,回信说:"兄去年信内随时指点一二语,弟犹漫然,不甚介意。今于忧患之后,一经提醒,始知一字一珠,均早谙诫于事端未发之先也。"

从政篇

从政篇

致诸弟 | 不肯以做官发财，不肯留银钱与后人

澄侯、温甫、子植、季洪足下：

　　正月初十日发第一号家信，二月初八日发第二号家信，报升任礼部侍郎之喜，二十六日发第三号信，皆由折差带寄。三月初一日由常德太守乔心农处寄第四号信，计托带银七十两、高丽参十余两、鹿胶二斤、一品顶带三枚、补服五付等件。渠由山西迂道转至湖南，大约须五月端午前后乃可到长沙。

　　予尚有寄兰姊、蕙妹及四位弟妇江绸棉外褂各一件，仿照去年寄呈母亲、叔母之样。前乔心农太守行时不能多带，兹因陈竹伯新放广西左江道，可于四月出京，拟即托渠带回。

　　澄弟《岳阳楼记》，亦即托竹伯带回家中。二月初四澄弟所发之信，三月十八接到。正月十六七之信，则至今未收到。据二月四日书云，前信着刘一送至省城，共二封，因欧

阳家、邓星阶、曾厨子各有信云云。不知两次折弁何以未见带到？温弟在省时，曾发一书与我，到家后未见一书，想亦在正月一封之中。此书遗失，我心终耿耿也。

温弟在省所发书，因闻澄弟之计，而我不为揭破，一时气忿，故语多激切不平之词。予正月复温弟一书，将前后所闻温弟之行，不得已禀告堂上，及澄弟、植弟不敢禀告而误用诡计之故一概揭破。温弟骤看此书，未免恨我，然兄弟之间，一言欺诈，终不可久。尽行揭破，虽目前嫌其太直，而日久终能相谅。现在澄弟书来，言温弟鼎力办事，甚至一夜不寐，又不辞劳，又耐得烦云云。我闻之欢喜之至，感激之至。温弟天分本高，若能改去荡佚①一路，归入勤俭一边，则兄弟之幸也，合家之福也。

我待温弟似乎近于严刻，然我自问此心，尚觉无愧于兄弟者，盖有说焉。大凡做官的人，往往厚于妻子而薄于兄弟，私肥于一家而刻薄于亲戚族党。予自三十岁以来，即以做官发财为可耻，以宦囊②积金遗子孙为可羞可恨，故私心立誓，总不靠做官发财以遗后人。神明鉴临，予不食言。此时侍奉高堂，每年仅寄些须，以为甘旨之佐。族戚中之穷者，亦即每年各分少许，以尽吾区区之意。盖即多寄家中，而堂上所食所衣亦不能因而加丰，与其独肥一家，使戚族因怨我而并恨堂上，何如分润戚族，使戚族戴我堂上之德而更加一番钦敬乎？将来若作外官，禄入较丰，自誓除廉俸之外，不取一钱。廉俸若日多，则周济亲戚族党者日广，断不畜积银钱为儿子衣食之需。盖儿子若贤，则不靠宦囊，亦能自觅衣饭；儿子若不肖，则多积一钱，渠将多造一孽，后来淫佚作恶，必且大玷家声。故立定此志，决不肯以做官发财，决不肯留银钱与后人。若禄入较丰，除堂上甘旨之外，尽以周济亲戚族党之穷者。此我之素志也。

至于兄弟之际，吾亦惟爱之以德，不欲爱之以姑息③。教之以勤俭，劝之以习劳守朴，爱兄弟以德也；丰衣美食，俯仰如意，爱兄弟以姑息也。姑息之爱，使兄弟惰肢体，长骄气，将来丧德亏行。是即我率兄弟以不孝也，吾不敢也。我仕宦十余年，现在京寓所有惟书籍、衣服二者。衣服则当差者必不可少，书籍则我生平嗜好在此，是以二物略多。将来我罢官归家，我夫妇所有之衣服，则与五兄弟拈阄均分。我所办之书籍，则存贮利见斋中，兄弟及后辈皆不得私取一本。除此二者，予断不别存一物以为宦囊，一丝一粟不以自私。此又我待兄弟之素志也。恐温弟不能深谅我之心，故将我终身大规模告与诸弟，惟诸弟体察而深思焉。

去年所寄亲戚各项，不知果照单分送否？杜兰溪为我买《皇清经解》，不知植弟已由省城搬至家中否？

京寓一切平安。纪泽《书经》读至《冏命》。二儿甚肥大。易南毅开复原官，来京引见。闻左青士亦开复矣。同乡官京中者，诸皆如常。余不一一。

曾国藩手草

再者，九弟生子大喜，敬贺敬贺。自丙午冬葬祖妣大人于木兜冲之后，我家已添三男丁，我则升阁学，升侍郎，九弟则进学补廪。其地之吉，已有明效可验。我平日最不信风水，而于朱子所云"山环水抱""藏风聚气"二语，则笃信之。木兜冲之地，予平日不以为然，而葬后乃吉祥如此，可见福人自葬福地，绝非可以人力参预其间。家中买地，若出重价，则断断可以不必；若数十千，则买一二处无碍。

宋湘宾去年回家，腊月始到。山西之馆既失，而湖北一带又一无所得。今年因常南陔之约重来湖北，而南陔已迁官陕西矣。命运之穷如此！去年曾有书寄温弟，兹亦付去，上二次忘付也。

李笔峰代馆一月，又在寓抄书一月，现在已搬出矣。毫无道理之人，究竟难与相处。庞省三在我家教书，光景甚好。邹墨林来京捐复教官，在元通观住，日日来我家闲谈。长沙老馆，我今年大加修整，人人皆以为好。琐事兼述，诸惟心照。

道光二十九年三月二十一日

【注释】

①荡佚：放纵，不受约束。

②宦囊：因做官而得到的财物。

③爱之以德，不欲爱之以姑息：语出《礼记·檀弓上》："君子爱人也以德，小人之爱人也以姑息。"姑息，迁就、纵容、不加限制，出于照顾或好心肠而迁就或容忍。

【点评】

　　晚清小说《活地狱》里说"千里做官只为财",陈独秀说"做官以张其威,发财以逞其欲",可见"当官发财"作为两千年来封建社会的产物,在人们思想中根深蒂固。

　　曾国藩从咸丰三年创军,到同治七年灭捻军,前后支出军费约三千五百万两,而账目全由曾国藩自己造册,再送户部核销。曾国藩后来官至两江总督,到慈禧时节制南方四省,实际控制了大半个中国,而南方又是国家财富、人文的重心,曾国藩的职务又是集一切人权、物权、财权于一身的"全权"。居此高位,若想"贪污",简直易如反掌。

　　但曾国藩"所衣不过练帛,冠靴敝旧",在洋人眼里他"穿着陈旧,衣服打皱,上面还有斑斑油渍";吃饭每顿不超过四样菜;儿女婚嫁不超银二百两。不仅如此,曾国藩还把自己的俸禄用于军队开支和地方公益事务。咸丰七年十二月十四日夜,他致信曾国荃说:"余有浙盐赢余万五千两在江省,昨盐局专丁前来禀询,余嘱其解交藩库充饷。"

　　一方面,曾国藩有不靠做官发财的誓言;另一方面,他认为奢侈的生活环境不利于子孙成长:"凡世家子弟,衣食起居,无一不与寒士相同,庶可以成大器。若沾染富贵习气,则难望有成。"

致诸弟 | 尽忠报国，不顾身家之私

澄侯、温甫、子植、季洪四位老弟足下：

四月初三日发第五号家信。厥后折差久不来，是以月余无家书。五月十二折弁来，接到家中四号信，乃四月一日所发者。具悉一切。植弟大愈，此最可喜！

京寓一切平安。癣疾又大愈矣，比去年六月更无形迹；去年六月之愈，已为五年来所未有，今又过之。或者从此日退，不复能为恶矣。皮毛之疾，究不甚足虑，久而弥可信也。

四月十四日考差题"乐民之乐者，民亦乐其乐"，经文题"必有忍，其乃有济；有容，德乃大"，赋得"濂溪乐处"得'焉'字。

二十六日，余又进一谏疏，敬陈圣德三端，预防流弊。其言颇过激切，而圣量如海，尚能容纳，岂汉唐以下之英主所可及哉！余之意，盖以受恩深重，官至二品，不为不尊；

堂上则诰封三代，儿子则荫任六品，不为不荣；若于此时再不尽忠直言，更待何时乃可建言？而皇上圣德之美出于天亶①自然，满廷臣工，遂不敢以片言逆耳，将来恐一念骄矜，遂至恶直而好谀，则此日臣工不得辞其咎。是以趁此元年新政，即将此骄矜之机关说破，使圣心日就兢业而绝自是之萌。此余区区之本意也。现在人才不振，皆谨小而忽于大，人人皆习脂韦唯阿②之风。欲以此疏稍挽风气，冀在廷皆趋于骨鲠③，而遇事不敢退缩，此余区区之余意也。

折子初上之时，余意恐犯不测之威，业将得失祸福置之度外矣。不意圣慈含容，曲赐矜全。自是以后，余益当尽忠报国，不得复顾身家之私矣。然此后折奏虽多，亦断无有似此折之激直者。此折尚蒙优容，则以后奏折，必不致或触圣怒可知矣。诸弟可将吾意细告堂上大人，毋以余奏折不慎，或以戆直干天威为虑也。

父亲每次家书，皆教我尽忠图报，不必系念家事。余敬体吾父之教训，是以公尔忘私，国尔忘家。计此后但略寄数百金偿家中旧债，即一心以国事为主，一切升官得差之念，毫不挂于意中。故昨五月初七大京堂考差，余即未往赴考。侍郎之得差不得差，原不关乎与考不与考。上年己酉科，侍郎考差而得者三人：瑞常、花沙纳、张芾是也。未考而得者亦三人，灵桂、福济、王广荫是也。今年侍郎考差者五人，不考者三人。是日题"以义制事以礼制心论"，诗题"楼观沧海日"得"涛"字。五月初一放云贵差，十二放两广、福

建三省,名见京报内,兹不另录。袁漱六考差颇为得意,诗亦工妥,应可一得,以救积困。

朱石翘明府初政甚好,自是我邑之福。余下次当写信与之。霞仙得县首,亦见其犹能拔取真士。

刘继振既系水口近邻,又送钱至我家求请封典,义不可辞。但渠三十年四月选授训导,已在正月二十六恩诏之后,不知尚可办否?当再向吏部查明。如不可办,则当俟明年四月升衲恩诏,乃可呈请。若并升衲之时推恩不能及于外官,则当以钱退还。家中须于近日详告刘家,言目前不克呈请,须待明年六月乃有的信耳。

澄弟河南、汉口之信皆已接到。行路之难,乃至于此!自汉口以后,想一路载福星矣。刘午峰、张星垣、陈谷堂之银皆可收,刘、陈尤宜受之,不受反似拘泥。然交际之道,与其失之滥,不若失之隘④。吾弟能如此,乃吾之所以欣慰者也。西垣四月二十九日到京,住余宅内,大约八月可出都。

此次所寄折底,如欧阳家、汪家及诸亲族不妨钞送共阅。见余忝窃高位,亦欲忠直图报,不敢唯阿取容,惧其玷辱宗族,辜负期望也。余不一一。

兄国藩手草
咸丰元年五月十四日

【注释】

①天亶:聪明出于天性使然,后用来形容帝王的天性。

②脂韦：比喻世故圆滑、阿谀逢迎。唯阿：唯唯喏喏、人云亦云。

③骨鲠：正直、刚健。

④与其失之滥，不若失之隘：比喻交朋友不宜泛滥，应该少而精。

【点评】

道光末年，朝纲不举，官场奉行乾、嘉、道三朝元老大学士曹振镛的"多磕头，少说话"的为官之道。曾国藩空有抱负，却无用武之地，时时有归家奉养之意。他自嘲说："立朝本非汲黯节，媚世又无张禹才。似驴非驴马非马，自憎形影良可哈。"意思说他既不是汉朝敢直言进谏的汲黯，也不是善于媚世的张禹，自己这种非驴非马的京官，不过是朝堂上的一件摆设。

咸丰登基后，曾国藩本着"致君尧舜上，再使风俗淳。"的儒家准则直言进谏，连上了多道颇有见地的奏折。其中以《敬呈圣德三端预防流弊疏》最为惊世骇俗，在折中，曾国藩力陈咸丰帝三大缺点：一是本末倒置，小事精明，大事糊涂。有"琐碎之风"，且"谨于小而反忽于大"；二是"徒尚文饰，不求实际"，二十几岁就想出书，刊布《御制诗文集》；三是刚愎自用，饰非拒谏，对大臣的直言说一套，做一套。史载"疏上，帝览奏大怒，摔诸地，立召军机大臣，欲罪之"。后来群臣苦苦相求，曾国藩才免于获罪。

曾国藩这一时期的几道奏疏，为他赢得了关心民间疾苦、忠直敢谏的清望。他的叔叔看到这封信和奏折后，回信说："所付回奏稿，再四细阅，未免憨直太过。"其父也告诫他："卿贰之职，不以直言显，以善辅君德为要。"此后死里逃生的曾国藩再上奏折，虽不乏真知灼见，却不再有类似憨直之言了。

致诸弟 | 功名之地，自古难居

澄、温、沅、季四位老弟左右：

二十五日着胡二等送家信，报收复武汉之喜。二十七日具折奏捷。初一日，制台杨慰农（霈）到鄂相会。是日又奏二十四夜焚襄河贼舟之捷。初七日奏三路进兵之折。其日酉刻，杨载福、彭玉麟等率水师六十余船前往下游剿贼。初九日，前次谢恩折奉朱批回鄂。初十日，彭四、刘四等来营。进攻武汉三路进剿之折，奉朱批到鄂。十一日，武汉克复之折奉朱批、廷寄、谕旨等件。兄署湖北巡抚，并赏戴花翎。兄意母丧未除，断不敢受官职。若一经受职，则二年来之苦心孤诣，似全为博取高官美职，何以对吾母于地下？何以对宗族乡党？方寸之地，何以自安？是以决计具折辞谢，想诸弟亦必以为然也。

功名之地，自古难居。兄以在籍之官，募勇造船，成此一番事业。其名震一时，自不待言。人之好名，谁不如我？我有美名，则人必有受不美之名与虽美而远不能及之名者。相形之际，盖难为情。兄惟谨慎谦虚，时时省惕①而已。若仗圣主之威福，能速将江面肃清，荡平此贼，兄决意奏请回籍，事奉吾父，改葬吾母，久或三年，暂或一年，亦足稍慰区区之心，但未知圣意果能俯从否？

诸弟在家，总宜教子侄守"勤""敬"。吾在外既有权势，则家中子弟最易流于骄、流于佚②，二字皆败家之道也。万望诸弟刻刻留心，勿使后辈近于此二字。至要至要。

罗罗山于十二日拔营，智亭于十三日拔营，余十五六亦拔营东下也。余不一一。乞禀告父亲大人、叔父大人万福金安。

兄国藩手草

猞猁马褂亦宜付来，皮边冬帽亦可付来。泽儿写信太短，以后宜长些。

咸丰四年九月十三日

【注释】

①省惕：警惕。
②佚：放荡。

【点评】

八月二十七日，在对太平天国的作战中，武昌、汉阳大捷,扭转整个战局。九月五日,朝廷发旨升曾国藩署理湖北巡抚。曾国藩母丧未除,谦逊上奏,假意推辞。九月十二日,咸丰改旨,升曾国藩为兵部侍郎。

君子不立险境,孔子说:"防祸于先而不致于后伤情。知而慎行,君子不立于危墙之下,焉可等闲视之。"君子远离险境,一是防患于未然,二要及时离开。功名之地,多是虎踞龙盘之所,各种势力盘根错节,多方人马旁逸斜出,人心高古而行归现实,事物生息倾灭只在一瞬间,非战战兢兢不能安然度日。

"功名两个字,用破一生心。"用这句话来形容曾国藩的一生再恰当不过。曾国藩用兵愈久,兵权愈重,地盘愈大,愈被清政府忌惮。功高震主者都难免遭遇忠而见疑、功成身殒的危机。随着战局日渐明朗,曾国藩的危机感却越来强烈,而花团锦簇后面的陷阱也越来越清晰。

致澄弟 | 藏身匿迹，不露圭角

澄侯四弟左右：

顷接来缄，又得所寄吉安一缄，具悉一切。朱太守来我县，王、刘、蒋、唐往陪，而弟不往，宜其见怪。嗣后①弟于县城省城均不宜多去。处兹大乱未平之际，惟当藏身匿迹，不可稍露圭角②于外。至要至要！

吾年来饱阅世态，实畏宦途风波之险，常思及早抽身，以免咎戾③。家中一切，有关系衙门者，以不与闻为妙。诸惟心照，不一一。

兄国藩再

咸丰六年九月初十

【注释】

①嗣后：以后。

②圭角：圭的锋芒有棱角，比喻人的言行奇特刻薄。
③咎戾：惹祸。

【点评】

  曾国藩对诸弟及儿女的教育很讲究方式方法，往往能寓自己心得于巧妙言说中。

  朝中有人好办事。四弟曾国潢在家主持族中事务，仰赖大哥在朝为官，曾国潢在地方上常常抛头露面，往来于省县衙门。对于家里人借助自己的影响介入地方事务，曾国藩持反对意见，但具体到四弟身上，却并未以长兄身份严加斥责，而是循循善诱说："处兹大乱未平之际，惟当藏身匿迹，不可稍露圭角于外。"

  不仅如此，曾国藩又以自身为例进行说明："吾年来饱阅世态，实畏宦途风波之险，常思及早抽身，以免咎戾。"言下之意，"有关系衙门者"，我躲都来不及，你就不必瞎掺和了。

  事外之人往往想参与并乐在其中，深陷事中的人却整日思考如何撤离并全身而退。因而，身处高位的人应懂得防微杜渐，尤其应管好家人及身边人。

致沅弟 | 用兵以暇，识世以浑

沅甫九弟左右：

初四日午刻萧大满、刘得二归，接二十八日来信，藉悉一切。吉水击退大股援贼，三曲滩对岸之贼空壁宵遁①，看来吉安之事尚易得手。

二十九日祖母太夫人九十一冥寿，共三十三席，来祭二十一堂。地方如王如一、如二、罗十、贺柏八、王训三、陈贵三等皆来，吉公子孙外房亦来。五席海参、羊肉、蛏干。祀事尚为诚敬。初一日，余与轩叔至三亩冲拜三舅婆八十一寿，抬盒一架，因接定二舅爹至腰里住五日。王大诚所借先大夫钱百千，收租十石者十余年，收六石九斗者又已二十年，实属子过于母。澄弟与余商："王氏父子太苦，宜焚券②而蠲免之。"初三日请大诚父子祖孙来，涂券发还，令元一每年量谷二石以养其祖，量谷二石一斗分济其叔。三房下首培砂工程已办一半余。

日内作报销（其折稿下次寄吉安）。大概规模折一件、片三件，交江西耆公代为附奏。兹由萧大满等手带至吉安，弟派妥人即日送江西省城，限五日送到。耆、龙、李三处并有信，接复信，专丁送家可也。

左季高待弟极关切，弟即宜以真心相向，不可常怀智术以相迎距。凡人以伪来，我以诚往，久之则伪者亦共趋于诚矣。

李迪庵新放浙中方伯③，此亦军兴以来一仅见之事。渠用兵得一暇字诀。不特其平日从容整理，即其临阵，亦回翔④审慎，定静安虑。弟理繁之才胜于迪庵，惟临敌恐不能如其镇静。至于与官场交接，吾兄弟患在略识世态而又怀一肚皮不合时宜，既不能硬，又不能软，所以到处寡合⑤。迪安妙在全不识世态，其腹中虽也怀些不合时宜，却一味浑含，永不发露。我兄弟则时时发露，终非载福之道。雪琴与我兄弟最相似，亦所如寡合也。弟当以我为戒，一味浑厚，绝不发露。将来养得纯熟，身体也健王，子孙也受用，无惯习机械变诈，恐愈久而愈薄耳。

李云麟尚在吉安营否？其上我书，才识实超流辈，亦不免失之高亢。其弊与我略同。长沙官场，弟亦通信否？此等酬应自不可少，当力矫我之失而另立途辙。余生平制行⑥，有似萧望之、盖宽饶⑦一流人，常恐终蹈祸机，故教弟辈制行，早蹈中和一路，勿效我之褊激⑧也。黄子春丁外艰，大约年内回省,新任又不知何人。吾邑县运,如王、刘之没,可谓不振;迪庵之简放⑨,可谓极盛。若能得一贤令尹来,则受福多矣。余身体平安,近日心血积亏,略似怔忡⑩之象。上下四宅大小安好,诸儿读书如常,无劳远注。顺问近好。

兄国藩手草

咸丰七年十二月初六日

【注释】

①宵遁:亦作"宵遯"。乘夜逃跑。

②焚券:烧掉借债合同,免债。

③方伯:殷周时代一方诸侯之长。后泛称地方长官。

④回翔:指任职或施展才干。

⑤寡合:性格与世人不合。

⑥制行:德行。

⑦萧望之、盖宽饶:萧望之,汉朝大鸿胪、太傅。盖宽饶,汉朝司隶校尉,二人品行均刚直奉公、清正廉节,仁义忠信,后遭奸人诬陷,愤而自杀。

⑧褊激:心胸狭窄,言行过激。

⑨简放:清代谓经铨叙派任道府以上外官。

⑩怔忡:即心悸。

【点评】

咸丰元年,几位弟弟乡试不举,曾国藩写信告诫诸弟不要发牢骚，因为"牢骚太甚者，其后必多抑塞""无故而怨天，则天必不许；无故而尤人，则人必不服"。

曾国藩是个能忍的人，能忍的另一面就是爱生闷气。垃圾情绪堆积，总有释放的一天。咸丰七年二月，曾国藩借父丧守制，擅离前线，以撂挑子的方式向咸丰帝索权。他在辞职信中大吐苦水：一是军队皆为募勇，不能升官；二是筹饷无实权，像叫花子要饭；三是官衔、官印常变，不能取信于人。清政府以为太平天国覆灭在即，竟准假三月。曾国藩心情跌至谷底，并担心自己这种耿直的性格会给自己带来杀身之祸。

在家丁忧期间，曾国藩反思自己，悟出"暇字诀"与"浑字诀"。

"暇字诀"为用兵之道，即在用兵之时，做到"回翔审慎，定静安虑"。曾国藩治军期间，数次自杀，最欠缺一暇字，以至"每闻春风之怒号，则寸心欲碎；见贼帆之上驶，则绕屋徬徨"。

"浑字诀"为处世之道，即"腹中虽也怀些不合时宜，却一味浑含，永不发露"。诗人孟浩然抱怨唐玄宗"不才明主弃，多病故人疏"，结果落得一个永不录用的结局。曾国藩自此悟出一个道理，即为人处世要内方外圆，内方才能守住自我，外圆才能游刃有余，两者结合方能实现人生价值。

致沅弟 | 居官带勇以耐烦为第一要义

沅甫九弟左右：

十四日发第八号信，交春二等带往，并带璧还金、史两处银二百二十两，想将收到。是夕接弟初七夜信，得知一切。

贵溪紧急之说确否？近日消息何如？次青非常之才，带勇虽非所长，然亦有百折不回之气。其在兄处，尤为肝胆照人，始终可感。兄在外数年，独惭无以对渠。去腊遣韩升至李家省视，其家略送仪物。又与次青约成婚姻，以申永好。目下两家儿女无相当者，将来渠或三索得男，弟之次女、三女可与之订婚。兄信已许之矣。在吉安，望常常与之通信。专人往返，想十余日可归也。但得次青生还与兄相见，则同甘苦患难诸人中，尚不至留莫大之愧歉耳。

昔耿恭简公谓居官以耐烦为第一要义，带勇亦然。兄之短处在此，屡次谆谆教弟亦在此。二十七日来书，有云"仰鼻息于傀儡饘腥之辈,又岂吾心之所乐",此已露出不耐烦之端倪,将来恐不免于龃龉。去岁握别时,曾以惩余之短相箴,乞无忘也。

甲三《史》《汉》韩文二月中可看毕,三月即看《近思录》《周易折中》《四书汇参》等书。一则使略知立身行己之大要,一则有益于制艺也。

李雨苍于十七日起行赴鄂。渠长处在精力坚强,聪明过人;短处在举止轻佻,言语伤易,恐润公亦未能十分垂青。澄侯弟于十五日上永丰,十九可归。温甫弟于二十一日起程,大约三月半可至吉安也。

九弟妇日内痊愈,业在地下照料一切。展转床褥已历弥月,亦由体气素弱之故。以后再服补剂,必有大裨,弟尽可放心。余不一一。

兄国藩手草
咸丰八年二月十七日

【点评】

人只有耐得住烦闷、平淡、寂寞,才能锤炼出一种坚韧、明净的内心世界,从而面对各种风浪险关。

曾国藩毕生磨练心志与耐性,深得耐烦之道。他为官、治军之余写就家书千余封,上至祖父母、父母,中对诸兄弟,下及子侄辈,家庭琐碎事无巨细,可谓耐烦的典范。

血型、体质等生理因素决定着一个人是否具有耐烦的先天品质，但耐烦更是一种后天的涵养功夫，有些人活了一辈子也没有学会忍耐，一遇事就犯牛脾气、发牢骚、使性子、撂挑子，这是非常悲哀的一件事。身在官场，难免要迎来送往，违心屈己，上对领导要恭敬，中对同事要仁义，下对下属不能倨傲。尤其是面对基层百姓繁杂琐碎的要求，更应该有一种耐得烦的静气。

何止是当官带兵，在为人处世上，时时处处也要耐烦。金缨的《格言联璧》有云："不自反者，看不出一身病痛；不耐烦者，做不成一件事业。"在王国维看来，"古今之成大事业、大学问者"，必须要经过"独上高楼，望尽天涯路"的求索和"衣带渐宽终不悔，为伊消得人憔悴"的执着，才有"蓦然回首"之得。耐烦的人，能够坐得住，想得通，行得正，悟得深，也只有这样，读书才会深入，做事才能圆融，事业才会成功，修行才有成就。

致沅弟 | 不轻进人，不妄亲人

沅弟左右：

十三日强中营二勇回，接弟信及各家信。十五早又接弟十一申之信。浮桥办齐，长壕已有八九分工程，甚好甚慰。从此援贼虽至，吾弟必足以御之。冯事，兄处办法与润帅不谋而合，兹将一批一告示抄付弟览。

翁中丞处复信甚妥，弟意疏疏落落亦极是。弟总认定是湖北之委员，以官、胡两帅为上司，诸事禀命而行，此外一概疏疏落落。希庵于此等处界限极清，人颇嫌其疏冷。然不轻进人，即异日不轻退人之本；不安亲人，即异日不妄疏人之本。处弟之位，行希之法，似尚妥叶。与翁稿与毓稿均好，近日修辞工夫亦进，慰喜慰喜。

焦君谱序，八九月必报命。书院图须弟起稿而兄改之，弟切莫咎兄之吝也。弟约初八日专差来，何以至今未到？京

货诸件,侯弟处人到,再派人同送。

咸丰十年七月十五日

【点评】

用弹性手腕与人相处,可近可远,能离能合,不因过度亲密而失去分寸,不因一时不快而反目成仇。可以说,"不轻进人""不妄亲人"是曾国藩为人、用人的原则。

"不轻进人,即异日不轻退人之本。"是人才,则重用;是庸才,哪怕是家族成员也不能用。曾国藩的表弟江庆才不读书,天资也差,来安庆投靠曾国藩。有一次吃饭,曾国藩看见他把碗里带皮的谷粒挑出来丢到脚下,而曾国藩往往是去掉谷壳,把里米嚼碎咽下,从未连米一同扔过。曾国藩深感江庆才不堪造就,打发他回老家种地去了。

"不妄亲人,即异日不妄疏人之本。"人与人走得太近,彼此暴露的缺点也就越多,感情更易破裂。今日薄情,正是为了避免他日无情。二战时英国空军飞行员对新战友极度冷漠,原因就是战争中的死亡率极高,老飞行员会刻意与战友保持距离,以减轻万一战友丧命带来的伤痛。在男女感情方面,亦同此理。

致沅弟 | 办大事以多选替手为第一义

沅弟左右：

　　水师攻打金柱关时，若有陆兵三千在彼，当易得手。保①彭杏南，系为弟处分统一军起见。弟军万八千人，总须另有二人堪为统带者，每人统五六千，弟自统七八千，然后可分可合。

　　杏南而外，尚有何人可以分统？亦须早早提拨。办大事者，以多选替手为第一义。满意之选不可得，姑节取其次，以待徐徐教育可也。

同治元年四月十二日

【注释】

　　①保：保举，荐举。

【点评】

用人是一门极深的学问。有的人任人唯亲,结果被用者不堪重任;有的人防人夺权,不敢放手去用。正所谓"疑人不用,用人不疑",曾国藩慧眼识人,知人善任,其用人之道很值得我们借鉴。

曾国藩初见江忠源时说:"此人必立名于天下,然当以节烈死。"后来太平军攻打庐州,身患重病的江忠源带军出征,受伤后不愿被俘,踢开护卫投水而死。曾国藩邀请胡林翼守湖北,把湘军大将李续宾、罗泽南以及新组建的长江水师全部给了胡林翼调拨,并向皇帝保举。后来曾国藩回家守父丧,胡林翼留定湘军一把手的位置,大事都向曾国藩请示,并动用一切力量请皇帝让他出山。

曾国藩重用满人塔齐布,将他从一个绿营守备中队长提拔到湖北提督的位置;塔齐布获得皇帝信任后,又被授两江总督实职。

李鸿章晚年总结曾国藩的为官原则时曾说:"办大事,找替手,你办事,我放心。"曾国藩的"大事",有李鸿章为"替手",李鸿章的"大事",又有什么人做"替手"呢?仅此一事,就让李鸿章叹服。

致沅弟、季弟 | 有才无德者，不没其长，稍远其人

沅、季弟左右：

专丁来信，应复者条列如左：

一、援贼大至，余甚为悬系。崇天义张姓，似是去春守徽州者，诡计甚多，打硬仗亦不甚悍。伪忠王前年十月在羊栈岭，去年春在建昌等处，均不甚悍，专讲避实击虚。弟所部新勇太多，总以"不出濠浪战"五字为主。如看确贼之技俩，偶然一战，则听弟十分审慎出之，余但求弟自固耳。

一、上海军情，昨已将少荃信抄寄。周沐润业经批令来皖帮办文案。许惇诗有才而名声太坏。南坡专好用名望素劣之人，如前用湖南胡听泉、彭器之、李茂斋，皆为人所指目；即与裕时卿、金眉生交契，亦殊非正人行径。弟与南坡至好，不可不知其所短。余用周弢甫，亦系许、金之流，近日两奉寄谕查询，亦因名望太劣之故。毁誉悠悠之口，本难尽信，

然君子爱惜声名，常存冰渊惴惴之心，盖古今因名望之劣而获罪者极多，不能不慎修以远罪。吾兄弟于有才而无德者，亦当不没其长，而稍远其人。

同治元年六月初十日

【点评】

《资治通鉴》中有一段关于德与才的著名论述："才者，德之资也；德者，才之帅也。"司马光按德与才的关系把人分为四类：才德全尽谓之圣人，才德兼亡谓之愚人，德胜才谓之君子，才胜德谓之小人。

自古以来，德才兼备者都为人所看重。对于用人，曾国藩给出了一个具体的建议："有才无德者，不没其长，稍远其人。"对于有才无德的人，不要埋没他的才能和特长，而是让其纵情发挥，但是对于他的为人和德行，持谨慎态度，不可与其打得过于火热。

曾国藩深知自古"国之乱臣，家之败子"皆为"才有余而德不足"之人，相比于才能，曾国藩更看重一个人的德行。他带军打仗，"有才无德"的军事将领有时也不得不用。本封信中所说的黄冕（南坡），为人贪婪，但筹粮筹饷、置办军需很有一套，所以曾国藩便对他限制任用，不没其长，而稍远其人。

致澄弟 | 若远若近，不亲不疏

澄弟左右：

　　沅弟金陵一军，危险异常；伪忠王率悍贼十余万，昼夜猛扑，洋枪极多，又有西洋之落地开花炮。幸沅弟小心坚守，应可保全无虞。

　　鲍春霆至芜湖养病，宋国永代统宁国一军，分六营出剿，小挫一次。春霆力疾回营，凯章全军亦赶至宁国守城，虽病者极多，而鲍、张合力，此路或可保全。又闻贼于东坝抬船至宁郡诸湖之内，将图冲出大江，不知杨、彭能知之否？若水师安稳，则全局不至决裂耳。

　　来信言余于沅弟，既爱其才，宜略其小节，甚是甚是。沅弟之才，不特吾族所少，即当世亦实不多见。然为兄者，总宜奖其所长，而兼规其短。若明知其错，而一概不说，则非特沅一人之错，而一家之错也。

吾家于本县父母官,不必力赞其贤,不可力诋其非,与之相处,宜在若远若近、不亲不疏之间。渠有庆吊①,吾家必到;渠有公事,须绅士助力者,吾家不出头,亦不躲避。渠于前后任之交代,上司衙门之请托,则吾家丝毫不可与闻。弟既如此,并告子侄辈常常如此。子侄若与官相见,总以"谦""谨"二字为主。

同治元年九月初四日

【注释】

①庆吊:指喜事及丧事。

【点评】

曾氏一族在当地是名门望族,常要与父母官相处。曾国藩建议家人:与父母官相处,"宜在若远若近,不亲不疏之间",也就是不要竭力称赞他们,也不要诋毁他们;他们有喜事或丧事,要去道贺或吊唁;他们有公事需乡绅相助,我们不出头但也不躲避。

与曾国藩同时期的商人胡雪岩在王有龄、左宗棠的帮助下,从一介平民变成显赫一时的"红顶商人"。但是,其兴也勃焉,其亡也忽焉,胡雪岩依赖官府支持而发迹,又因官府后台倒塌而破产。曾国藩明白这种官民、官商关系的不稳定性和不可靠性,因而担心家中子弟被当官者利用,最终落个悲惨的结局。

致沅弟 | 无应酬馈赠，一步不可行

沅弟左右：

初四日接弟初一日信，具悉一切。

京察①考语，此间至今未接军机处附片知会，亦未接到部文。甚矣！小军机无应酬馈赠，真一步不可行也（元年京察系军机抄谕旨知会）。

里下河之捐，拟于此间派一员赴泰，而仍以篴轩作主。兹有复篴轩信，弟阅后加封专人送去。沪局之捐，拟派张仙舫前往。张办捐最为精细娴熟，可以胜任。特大胜关查盐，一时未得替人耳。

杭州于二十四日克复，湖、常二郡计亦可速复。金陵最后乃复，此理之固然者，弟不必焦灼，总以保养精神细心照料为要。南云今日到此，体气尚疲。顺问近好。

国藩手草

丹畦之姊丈窦兰泉，日内将往弟营拜访。

同治三年三月初七日

【注释】

①京察：明清吏部考核京官的一种制度。清代三年一考。

【点评】

中国素称礼仪之邦，古人礼尚往来，交换的是高尚的思想和对彼此的尊重。然而，不知不觉中，实用主义与利益逐渐改变了人们的价值观，礼尚往来变成了人情世故。现代历史上的东北王张作霖常挂在嘴边上的一句话就是："江湖，就是人情世故，能应对已属不易，懂全了不可能。"

曾国藩不是书呆子，但更不是无原则的人。曾国藩也送礼，他在做地方大吏时，为了联络感情，每年冬天都要给湖南籍的京官赠送炭敬。曾国藩也收礼，湘军名将鲍超有一次送给曾国藩十六包礼物，曾国藩却只收了一顶小帽。在此曾国藩找到了一种很好的平衡——内清外浊，内方外圆，心中能守清官之实，外面不要清官之名。

谕纪鸿 | 进身之始，务知自重

字谕纪鸿：

自尔起行后，南风甚多，此五日内却是东北风，不知尔已至岳州否？

余以二十五日至金陵，沅叔病已痊愈。二十八日戮洪秀全之尸，初六日将伪忠王正法。初八日接富将军咨，余蒙恩封侯，沅叔封伯。余所发之折，批旨尚未接到，不知同事诸公得何懋赏①，然得五等者甚少。余借人之力以窃上赏，寸心不安之至。

尔在外以"谦""谨"二字为主，世家子弟，门第过盛，万目所属。临行时，教以三戒之首，末二条及力去傲惰二弊，当已牢记之矣。场前不可与州县来往，不可送条子，进身之始，务知自重，酷热尤须保养身体。此嘱。

同治三年七月初九日

【注释】

①懋赏：奖赏以示勉励；褒美奖赏。

【点评】

　　太平天国覆灭，洪秀全、李秀成皆被杀，曾氏兄弟封侯。当此之际，曾纪鸿回湖南参加乡试。在此信中，曾国藩告诫曾纪鸿考前不可打招呼、托关系、递条子。判卷期间，曾国藩又专门致信儿子："断不可送条子，致腾物议。"后来，曾纪鸿连考几次未中，直到曾国藩去世"荫赏举人"，才当了一名小京官并醉心数学研究。曾纪鸿33岁英年早逝，身后无力归葬，在左宗棠的资助下才得以入土。

　　进身之始，务知自重。初踏职场，一定要清白自重，不可倚仗父辈的功劳巧取功名。曾国藩身处高位，稍加暗示，即会有无数地方官投机取巧、巴结讨好。但官场如战场，今天欠下人情，明天就有可能为还人情而沦落。

致沅弟 | 招之即来，麾之即去

沅弟左右：

　　日内未接弟信，想在熊营驻扎，一切平安。何镜芝有与子密信，言弟名望甚好，鄂人倚为长城。

　　吾十三日请开各缺疏片，奉批旨调理一月，进京陛见一次。余定于正月初间起行。本日有寄少荃一函，寄纪泽一谕，抄付弟阅。此间幕客有言不必进京，宜请一省墓假回籍。余意余与筠仙、义渠情事迥不相同。古称郭子仪功高望重，招之未尝不来，麾之未尝不去，余之所处亦不能不如此。准开各缺而以散员留营，余之本愿也。或较此略好，较此略坏，均无不可。但秦、晋、齐、豫、直隶、苏、皖责成一身，即不能胜此重任。此外听命而已。顺问近好。

　　　　　　　　　　　　　　同治五年十月二十六日

【点评】

曾国藩在信中说:"古称郭子仪功高望重,招之未尝不来,麾之未尝不去,余之所处亦不能不如此。"

比较曾国藩和郭子仪,二人确有相似之处。郭子仪是平定安史之乱的中唐名将,曾国藩是平定太平天国的晚清重臣。司马光《资治通鉴》评价郭子仪:"功盖天下而主不疑,位极人臣而众不嫉,穷奢极欲而人不非之。"而曾国藩则被后人誉为"立德立功立言三不朽,为师为将为相一完人"。

郭子仪为官之道有五个独到之处:一是摸透了皇帝心思,无论是手握重兵,还是身在前线,皇帝一声令回,郭子仪不带一兵一卒即来面圣,从不迟延;二是摸透了敌人心理,一生几乎未打败仗;三是摸透朝中对手心理,做到宽以待之,不为仕途树敌;四是摸透群众心理,他宅院大开,姬妾成群,告诉别人自己毫无政治野心;五是摸透下属心理,他爱兵如命,士兵对他敬爱有加。

曾国藩攻下太平天国后,曾做了五件事自保:一是让功于人,南京将破时,让李鸿章与左宗棠来帮忙;二是裁军,解散手下主力部队;三是劝弟辞官,让曾国荃以生病为由免遭弹劾;四是制造和左宗棠不和的假象,让朝廷放心;五是写家书明志,生前刊印并公布于世,以表忠心。

曾国藩曾说:"古来成大功大名者,除千载一郭汾阳外,恒有多少风波,多少灾难,谈何容易!"细数功高而善终之人,郭子仪之后,还有几人?

致沅弟 | 从波平浪静处安身

沅弟左右：

　　日内有战事否？留霆军剿任、赖一股，昨已附片具奏，另咨弟案。嗣后奏事，宜请人细阅熟商，不可一意孤行，是己非人。为嘱！

　　弟克复两省，勋业断难磨灭，根基极为深同。但患不能达，不患不能立；但患不稳适，不患不峥嵘。此后总从波平浪静处安身，莫从掀天揭地处着想。吾亦不甘为庸庸者，近来阅历万变，一味向平实处用功。非委靡也，位太高，名太重，不如是，皆危道也。

同治六年正月二十二日

【点评】

　　曾国藩和曾国荃二人性格迥异。曾国藩心清如水，低调内敛，处此乱世，"畏祸之心刻刻不忘"的他，信奉"花未全开月未圆"的求缺哲学；而曾国荃却贪功使气，挥金如土，不安现状，野心勃勃。

同治六年前后，曾国荃连遭打击，心有不平。他在写给曾国藩的信中说："近观世事，即色即空，旋生旋灭。老氏祸倚于福、福伏于祸之说，与圣人悔吝吉凶之理互相发明，争竞之心稍平，而自强之焰亦渐减矣。进境乎，抑弥退境乎？不自得而主，亦不得而知也，仍求兄随时策励为叩。"曾国藩开导他：打下南京已经立下不世功劳，不必再刻意追求立奇功，安稳踏实做官才是长久之道。不仅如此，他还列举了李斯、曹操、董卓、杨素"因强而大兴""因强而大败"的例子，并由此感慨："处大位大权而兼享大名，自古曾有几人能善其末路者？总须设法将权位二字推让少许，减去几成，则晚节渐渐可以收场耳。"

老子说："上善若水。水善利万物而不争，处众人之所恶，故几于道。居善地，心善渊，与善仁，言善信，政善治，事善能，动善时。夫唯不争，故无尤。"曾国藩晚年潜心研究老庄之道，熟读《道德经》和《南华经》，做事圆融如水，不着痕迹，对"居善地"几字最有心得。

每个人都有心魔，庄子说，"嗜欲深者天机浅"，如果把人比作一座磨坊或加油站，贪欲就像周围的火星，倘若不能及时扑灭，则很容易引发毁灭性爆炸。在此，我们不妨学一学曾国藩，"从波平浪静处安身"。

致沅弟 | 乱世处大位乃人生之大不幸

沅弟左右：

　　澄弟之孙元五殇亡，忧系之至。家中人口不甚兴旺，而后辈读书全未寻着门路，岂吾兄弟位高名大，遂将福分占尽耶？

　　接吴竹庄信，捻似尚未入皖境。闻巴河、武穴焚掠一空，鄂饷日绌，军事久不得手，弟之名望必且日损，深以为虑。

　　吾所过之处，千里萧条，民不聊生。当乱世，处大位，而为军民之司命者，殆人生之不幸耳，弟信云"英气为之一沮"，若兄则不特气阻而已，直觉无处不疚心，无日不惧祸也。

　　　　　　　　　　　　　同治六年二月二十一日

【点评】

　　曾国藩战时在江中行船，常常因为尸体遍横而无法向前。

书生仗剑，本就是无可奈何之事，所以曾国藩在体会了曹操"白骨露于野，千里无鸡鸣"的心境后，感叹说："当乱世，处大位，而为军民之司命者，殆人生之大不幸。"

古人说："宁为太平犬，莫作乱离人。"而有远大抱负和雄才伟略的人却渴望去改变环境。社会需要的，正是这种乱世处大位的人，他们有毅力，有担当，有抱负，能以一己之力，挽狂澜于既倒，扶大厦之将倾，拨乱反正，重建社会秩序。

曾国藩身处高位，说自己"无处不忧心，无日不惧祸"，和纪晓岚"官阶日益进，心忧日益深"的心境颇有相似之处。正因为如此，曾国藩为人处世，时时处处小心，为官廉洁，立身清正，做事勤勉，即使官场险恶，战火纷飞，也可以稳如泰山，立于不败之地。

为学篇

为学篇

禀祖父母 | 最坏之处，在于不知艰苦

孙男国藩跪禀祖父母大人万福金安：

七月初五日发第九号信，内言六月二十四后，孙与岱云意欲送家眷回南，至七月初一谋之于神，乃决计不送。

初五日发信后，至初八日，九弟仍思南归，其意仍坚，不可挽回，与孙商量，孙即不复劝阻。九弟自从去年四月父亲归时，即有思归之意。至九月间，则归心似箭。孙苦苦细问，终不明言其所以然。年少无知，大抵厌常而喜新，未到京则想京，既到京则想家，在所不免。又家中仆婢，或对孙则恭敬，对弟则简慢，亦在所不免。孙于去年决不许他归，严责曲劝，千言万语，弟亦深以为然。几及两月，乃决计不归。今年正月病中又思归，孙即不敢复留矣。三月复元后，弟又自言不归。四、五、六月，读书习字，一切如常。至六月底，因孙有送家眷之说，而弟之归兴又发。孙见其意，是

为远离膝下，思归尽服事之劳。且逆夷①滋扰，外间讹言可畏，虽明知蕞尔②螳臂，不足以当车辙，而九弟既非在外服官，即宜在家承欢，非同有职位者闻警而告假，使人笑其无胆，骂其无义也。且归心既动，若强留在此，则心如悬旌③，不能读书，徒废时日。兼此数层，故孙比即定计，打发他回，不复禁阻。恰好郑莘田先生（名世任，长沙人，癸酉拔贡，小京官，由御史升给事中，现放贵西兵备道）将去贵州上任，迂道走湖南省城，定于十六日起程，孙即将九弟托他结伴同行。此系初八九起议，十四日始决计，即于数日内将一切货物办齐，十五日雇车。

郑宅大车七辆（渠已于十三日雇定），九弟雇轿车一辆，价钱二十七千文（时价轿车本只要二十三千，孙见车店内有顶好官车一辆，牲口亦极好，其车较常车大二寸，深一尺，坐者最舒拂，故情愿多出大钱四千，恐九弟在道上受热生病）。雇底下人名向泽，其人新来，未知好歹。观其光景，似尚有良心者（昨九弟出京七日，在任丘县寄信来京，云向泽伺候甚好）。十六日未刻出京，孙送至城外二十里，见道上有积潦甚多，孙大不放心，恐路上有翻车陷车等事，深为懊悔。二十三日接到弟在途中所发信，始稍放心。兹将九弟原信附呈。孙交九弟途费纹银三十二两整（先日交车行上脚大钱十三千五百文，及上车现大钱六千文两项在外），外买货物及送人东西另开一单（九弟带回）。外封银十两，敬奉堂上六位老人吃肉之赀（孙对九弟云，万一少途费，即扯此银亦可,若到家后,断不可以他事借用此银,然途费亦断不至少也)。向泽订工费大钱二千文,已在京交楚。郑家与九弟在长沙分队,孙嘱其在省换小船到县,向泽即在县城开销他。向泽意欲送至家,如果至家,留住几日打发,求祖父随时斟酌。

九弟自到京后,去年上半年用功甚好。六月因甲三病,耽搁半月余。九月弟欲归,不肯读书,耽搁两月。今春弟病耽搁两月。其余工夫,或作或辍,虽多间断,亦有长进。计此一年半之中,惟书法进功最大。外此则看《纲鉴》三十六本,读《礼记》四本,读《周礼》一本,读《斯文精萃》两本半(因《周礼》读不熟,故换读《精萃》),作文六十余篇,读文三十余首。父亲出京后,孙未尝按期改文,未尝讲书,未能按期点诗文,此孙之过,无所逃罪者也。读文作文全不用心,凡事无恒,屡责不改,此九弟之过也。好与弟谈伦常,讲品行,使之扩见识,立远志,目前已颇识为学之次第,将来有路可循,此孙堪对祖父者也。待兄甚敬,待侄辈甚慈,循规蹈矩,一切匪彝恌淫④之事毫不敢近,举止大方,性情挚厚,此弟之好处也。弟有最坏之处,在于不知艰苦。年纪本轻,又未尝辛苦,宜其不知,再过几年应该知道。

九弟约计可于九月半到家。孙恐家中骇异,疑兄弟或有嫌隙,致生忧虑,故将在京、出京情形述其梗概。至琐细之故,九弟到家详述,使堂上大人知孙兄弟绝无纤介之隙也。

孙身体如常,惟常耳鸣,不解何故。孙妇及曾孙兄妹二人皆好。丫环因其年已长,其人太蠢,已与媒婆兑换一个(京城有官媒婆,凡买妾买婢,皆由她经纪),彼此不找一钱。此婢名双喜,天津人,年十三岁,貌比春梅更陋,而略聪明。寓中男仆皆如故。

同县谢果堂先生为其子捐盐大使,王道隆(王恒信之侄)捐府经历,黄鉴之子捐典史,以外无人。

孙在京一切自宜谨慎,伏望堂上大人放心。

孙谨禀

道光二十二年八月初一日

【注释】

①逆夷:叛逆的边夷,对外国侵略者的蔑称。

②蕞尔:多用以形容比较小的地区。

③悬旌:挂在空中随风飘荡的旌旗。

④匪彝:违背常规的行为。慆淫:享乐过度;怠慢放纵。

【点评】

曾国藩身为长子,且"身名早达",他以儒家"兄友弟恭"的标准,强调兄长对弟弟的关爱和担当,以及弟弟对兄长的尊敬和服从。他中翰林后,除了给家中兄弟写信,还先后安排九弟、四弟、六弟轮流到京,面授学问。道光二十一年正月初,曾国藩正式教授曾国荃,每天为弟弟上课,带他拜访名师,领略京城风物。但八月底,曾国荃突然不肯继续读书，提出要回老家，并不在上房与兄嫂共同吃饭。如此反反复复，一直闹到第二年十二月。问其原因又不说，这给曾国藩带来极大的困扰。直至其死后，曾氏后人曾宝慈才解开谜底：曾国荃饭后爱喝一杯新茶，有一次，兄嫂欧阳氏看杯中茶水尚浓，就直接续了些开水端给他。曾国荃心中不满，便不和兄嫂同吃饭，并嚷着回家。回家不久，曾国荃又想再次进京，在曾国藩的反对下作罢，只得在长沙读书，勉强混了个"优贡生"这一高不成低不就的功名。后来曾国荃在信中悔恨自己的任性说："弟深悔早岁留京未自伏案用功，任意使气，不听大兄之教诲。"

陆游诗云："书到用时方恨少，事非经过不知难。"又说："纸上得来终觉浅，绝知此事要躬行。"事情亲自去做时，才知其中艰辛。如果曾国荃当时能知道科举之不易，不那么任性，他的功名也许要比"优贡生"高得多。

致诸弟 | 为学譬如熬肉，用功譬若掘井

四位老弟足下：

九弟行程，计此时可以到家。自任邱发信之后，至今未接到第二封信，不胜悬悬。不知道上不甚艰险否？四弟、六弟院试，计此时应有信，而折差久不见来，实深悬望。

予身体较九弟在京时一样，总以耳鸣为苦。问之吴竹如，云只有静养一法，非药物所能为力。而应酬日繁，予又素性浮躁，何能着实养静？拟搬进内城住，可省一半无谓之往还，现在尚未找得。予时时自悔，终未能洗涤自新。

九弟归去之后，予定刚日读经、柔日读史之法。读经常懒散不沉着。读《后汉书》，现已丹笔点过八本；虽全不记忆，而较之去年读《前汉书》，领会较深。九月十一日起同课人议每课一文一诗，即于本日申刻用白折写。予文、诗极为同课人所赞赏。然予于八股绝无实学，虽感诸君奖借之殷，实则自愧愈深也。待下次折差①来，可付课文数篇回家。予居家懒做考差工夫，即借此课以磨厉考具，或亦不至临场窘迫耳。

吴竹如近日往来极密，来则作竟日之谈，所言皆身心国家大道理。渠言有窦兰泉者（垿，云南人），见道极精当平实。窦亦深知予者，彼此现尚未拜往。竹如必要予搬进城住，盖城内镜海先生可以师事，倭艮峰先生、窦兰泉可以友事。师友夹持，虽懦夫亦有立志。予思朱子言："为学譬如熬肉，先须用猛火煮，然后用漫火温。"予生平工夫全未用猛火煮过，虽略有见识，乃是从悟境得来。偶用功，亦不过优游玩索已耳。如未沸之汤，遽用漫火温之，将愈煮愈不熟矣。以是急思搬进城内，屏除一切，从事于克己之学。镜海、艮峰两先生亦劝我急搬。而城外朋友，予亦有思常见者数人，如邵蕙西、吴子序、何子贞、陈岱云是也。

蕙西尝言："'与周公瑾交，如饮醇醪'，我两人颇有此风味。"故每见辄长谈不舍。子序之为人，予至今不能定其品。然识见最大且精，尝教我云："用功譬若掘井，与其多掘数井而皆不及泉，何若老守一井，力求及泉而用之不竭乎？"此语正与予病相合。盖予所谓"掘井多而皆不及泉"者也。

何子贞与予讲字极相合，谓我"真知大源，断不可暴弃"。予尝谓天下万事万理皆出于乾坤二卦。即以作字论之："纯以神行，大气鼓荡，脉络周通，潜心内转，此乾道也；结构精巧，向背有法，修短合度，此坤道也。凡乾以神气言，凡坤以形质言。礼乐不可斯须去身，即此道也。乐本于乾，礼本于坤。作字而优游自得真力弥满者，即乐之意也；丝丝入扣，转折合法，即礼之意也。"偶与子贞言及此，子贞深以为然，谓渠生平得力，尽于此矣。陈岱云与吾处处痛痒相关，此九弟所知者也。

写至此，接得家书。知四弟、六弟未得入学，怅怅。然科名有无迟早，总由前定，丝毫不能勉强。吾辈读书，只有两事：一者进德之事，讲求乎诚正修齐之道，以图无忝所生；一者修业之事，操习乎记诵词章之术，以图自卫其身。进德之事难以尽言，至于修业以卫身，吾请言之——

卫身莫大于谋食。农工商劳力以求食者也，士劳心以求食者也。故或食禄于朝，教授于乡，或为传食之客，或为人幕之宾，皆须计其所业，足以得食而无愧。科名者，食禄之阶也，亦须计吾所业，将来不至尸位素餐，而后得科名而无愧。食之得不得，穷通由天作主，予夺由人作主；业之精不精，则由我作主。然吾未见业果精，而终不得食者也。农果力耕，虽有饥谨必有丰年；商果积货，虽有壅滞必有通时；士果能精其业，安见其终不得科名哉？即终不得科名，又岂无他途可以求食者哉？然则特患业之不精耳。

求业之精，别无他法，曰专而已矣。谚曰"艺多不养身"，谓不专也。吾掘井多而无泉可饮，不专之咎也。诸弟总须力图专业。如九弟志在习字，亦不必尽废他业。但每日习字工夫，断不可不提起精神，随时随事，皆可触悟。四弟、六弟，吾不知其心有专嗜否？若志在穷经，则须专守一经；

志在作制义②，则须专看一家文稿；志在作古文，则须专看一家文集。作各体诗亦然，作试帖亦然，万不可以兼营并骛，兼营则必一无所能矣。切嘱切嘱，千万千万。此后写信来，诸弟各有专守之业，务须写明。且须详问极言，长篇累牍，使我读其手书，即可知其志向识见。凡专一业之人，必有心得，亦必有疑义。诸弟有心得，可以告我共赏之；有疑义，可以问我共析之。且书信既详，则四千里外之兄弟不啻晤言一室，乐何如乎？

予生平于伦常中，惟兄弟一伦抱愧尤深。盖父亲以其所知者尽以教我，而我不能以吾所知者尽教诸弟，是不孝之大者也。九弟在京年余，进益无多，每一念及，无地自容。嗣后我写诸弟信，总用此格纸，弟宜存留，每年装订成册。其中好处，万不可忽略看过。诸弟写信寄我，亦须用一色格纸，以便装订。

谢果堂先生出京后，来信并诗二首。先生年已六十余，名望甚重，与予见面，辄彼此倾心，别后又拳拳不忘，想见老辈爱才之笃。兹将诗并予送诗附阅，传播里中，使共知此老为大君子也。

予有大铜尺一方，屡寻不得，九弟已带归否？频年寄黄芽白菜子，家中种之好否？在省时已买漆否？漆匠果用何人？信来并祈详示。

兄国藩手具

道光二十二年九月十八日

【注释】

①折差：类似今日邮差。古时称专为地方大员送奏折到京城的邮差为折弁，折差即折弁。他们在办公差的时候，顺便为在京城做官的人传递家信。这种方式既稳妥又快，为清时京官普遍采用。

②制义：八股文。

【点评】

在这封信中，有许多曾国藩做人、做事、做学问的原则和思想，是曾国藩家书中地位颇高、价值极重，信息量甚大的一封。此外，这封家书主要阐释了曾国藩治学之专。

很多人工作之后便把读书丢到一旁，曾国藩入职翰林院后却并未如此；相反，曾国藩在这一生中仅有的一段平静日子里，读书、拜师、交友，境界大开。

京居不易，曾国藩从搬家讲起，然后说到自己"刚日读经，柔日读史"的读书计划，再谈到自己的交友圈，说他跟随镜海先生，即唐鉴学习"静"字功夫，又跟理学大师倭仁推究"研几"的修身要诀，和后来的大书法家何绍基探讨乾坤礼乐，并说"师友夹持，虽懦夫亦有立志"。曾国藩推崇朱熹的"猛火煮""漫火温"读书法："猛火煮"就是要博学，短期内集中精力猛读；"漫火温"就是反复温习品味，字字句句细细咀嚼。

在这封信中,曾国藩着重谈了"专"字,在他看来,只要学业精通,即便不考取功名,也有谋生之路。而要学业精通,唯有一"专"字。他说:"用功譬若掘井。"曾国藩读书不惜力,肯下笨功夫,如"读经有一耐字诀,一句不通,不看下句;今日不通,明日再读;今年不精,明年再读"。

曾国藩与小偷比读书的轶事,人们耳熟能详:某晚,曾国藩闭门读书,遇某名篇,背数次而不过。适逢家中有窃贼藏梁上,贼左等右等,甚至小憩一会儿,醒来,曾国藩翻来覆去,仍未背过。贼忍无可忍,跳将出来,将文章流畅背过,扬长而去。

读书时养成的习惯,也成为曾国藩日后处理其他事物的办法:熬不下去,也要熬,以强悍的蛮劲儿打通关卡。

致诸弟 | 读书在格物、诚意

四位老弟足下：

十月二十一接九弟在长沙所发信，内途中日记六叶，外药子一包。二十二接九月初二日家信，欣悉以慰。

自九弟出京后，余无日不忧虑，诚恐道路变故多端，难以臆揣。及读来书，果不出吾所料，千辛万苦，始得到家。幸哉幸哉！郑伴之不足恃，余早已知之矣。郁滋堂如此之好，余实不胜感激。在长沙时，曾未道及彭山屺，何也？又为祖母买皮袄，极好极好！可以补吾之过矣。

观四弟来信甚详，其发奋自励之志，溢于行间。然必欲找馆出外，此何意也？不过谓家塾离家太近，容易耽搁，不如出外较清净耳。然出外从师，则无甚耽搁；若出外教书，其耽搁更甚于家塾矣。且苟能发奋自立，则家塾可读书，即旷野之地、热闹之场，亦可读书，负薪牧豕①，皆可读书；

苟不能发奋自立，则家塾不宜读书，即清净之乡、神仙之境，皆不能读书。何必择地？何必择时？但自问立志之真不真耳！

六弟自怨数奇②，余亦深以为然。然屈于小试辄发牢骚，吾窃笑其志之小，而所忧之不大也。君子之立志也，有民胞物与③之量，有内圣外王之业。而后不忝于父母之生，不愧为天地之完人。故其为忧也，以不如舜、不如周公为忧也，以德不修、学不讲为忧也。

是故顽民梗化则忧之，蛮夷猾夏则忧之，小人在位、贤才否闭则忧之，匹夫匹妇不被己泽则忧之，所谓悲天命而悯人穷。此君子之所忧也。若夫一身之屈伸，一家之饥饱，世俗之荣辱得失、贵贱毁誉，君子固不暇忧及此也。六弟屈于小试，自称数奇，余窃笑其所忧之不大也。

盖人不读书则已，亦即自名曰"读书人"，则必从事于《大学》。《大学》之纲领有三：明德、新民、止至善，皆我分内事也。若读书不能体贴到身上去，谓此三项与我身了不相涉，则读书何用？虽使能文能诗，博雅自诩，亦只算得识字之牧猪奴耳！岂得谓之明理有用之人也乎？朝廷以制艺取士，亦谓其能代圣贤立言，必能明圣贤之理，行圣贤之行，可以居官莅民、整躬率物也。

若以明德、新民为分外事，则虽能文能诗，而于修己治人之道实茫然不讲，朝廷用此等人作官，与用牧猪奴作官何以异哉？然则既自名为"读书人"，则《大学》之纲领，皆己身切要之事，明矣。其条目有八，自我观之，其致功之处，则仅二者而已：曰格物，曰诚意。

格物，致知之事也；诚意，力行之事也。物者何？即所谓本末之物也。身、心、意、知、家、国、天下，皆物也；天地万物，皆物也；日用常行之事，皆物也。格者，即物而穷其理也。如事亲定省，物也；究其所以当定省之理，即格物也。事兄随行，物也；究其所以当随行之理，即格物也。吾心，物也；究其存心之理，又博究其省察涵养以存心之理，即格物也。吾身，物也；究其敬身之理，又博究其立齐坐尸以敬身之理，即格物也。

每日所看之书，句句皆物也；切己体察，穷究其理，即格物也。此致知之事也。所谓诚意者，即其所知而力行之，是不欺也。知一句便行一句，此力行之事也。此二者并进，下学在此，上达亦在此。

吾友吴竹如，格物工夫颇深，一事一物皆求其理。倭艮峰先生则诚意工夫极严，每日有日课册，一日之中一念之差、一事之失、一言一默，皆笔之于书。书皆楷字，三月则订一本。自乙未年起，今三十本矣。盖其慎独之严，虽妄念偶动，必即时克治，而著之于书，故所读之书，句句皆切身之要药。

兹将艮峰先生日课，抄三叶付归与诸弟看。余自十月初一日起，亦照艮峰样，每日一念一事，皆写之于册，以便触目克治，亦写楷书。冯树堂与余同日记起，亦有日课册。树堂极为虚心，爱我如兄，敬我如师，将来必有所成。

余向来有无恒之弊,自此次写日课本子起,可保终身有恒矣。盖明师益友,重重夹持,能进不能退也。本欲抄余日课册付诸弟阅,因今日镜海先生来,要将本子带回去,故不及抄。十一月有折差,准抄几叶付回也。

余之益友,如倭艮峰之瑟僴④,令人对之肃然;吴竹如、窦兰泉之精义,一言一事,必求至是;吴子序、邵蕙西之谈经,深思明辨;何子贞之谈字,其精妙处,无一不合,其谈诗尤最符契⑤。子贞深喜吾诗,故吾自十月来已作诗十八首。兹抄二叶,付回与诸弟阅。冯树堂、陈岱云之立志,汲汲不遑,亦良友也。镜海先生,吾虽未尝执贽⑥请业,而心已师之矣。

吾每作书与诸弟,不觉其言之长,想诸弟或厌烦难看矣。然诸弟苟有长信与我,我实乐之,如获至宝,人固各有性情也。

余自十月初一日起记日课,念念欲改过自新。思从前与小珊有隙,实是一朝之忿,不近人情,即欲登门谢罪。恰好初九日小珊来拜寿,是夜余即至小珊家久谈。十三日与岱云合伙,请小珊吃饭。从此欢笑如初,前隙尽释矣。

金竺虔报满用知县,现住小珊家,喉痛月余,现已全好。李笔峰在汤家如故。易莲舫要出门就馆,现亦甚用功,亦学倭艮峰者也。同乡李石梧已升陕西巡抚。两大将军皆锁拿解京治罪,拟斩监候。英夷之事,业已和抚,去银二千一百万两,又各处让他码头五处。现在英夷已全退矣。两江总督牛

鉴,亦锁解刑部治罪。

近事大略如此。容再续书。

兄国藩手具
道光二十二年十月二十六日

【注释】

①负薪牧豕:负薪,背柴,相传汉代朱买臣背着柴草时还刻苦读书。牧豕,放猪。相传汉代函宫一边放猪,一边还在听人讲解经书。形容读书环境恶劣。

②数奇:这里指命运不好,遇事不利。

③民胞物与:民为同胞,物为同类,一切为上天所赐。泛指爱人和一切物类。出自宋朝张载《西铭》:"民吾同胞,物吾与也。"

④惆:胸襟开阔。

⑤符契:符合、契合。

⑥贽:拜见师长时所持的礼物。

【点评】

格物即探究事物的运行规律,诚意即发自内心地去执行。

格物致知是儒家治学的重要观点,司马光、程颢、程颐、朱熹、王阳明等人都对其有所阐释,其中以朱熹的解释最受人推崇。朱熹认为:"格物者,格,尽也。须是穷尽事物之理。若是穷得三两分,便未是格物,须是穷尽得十分,方是格物。"

曾国藩终身立志修身敬业,是理学的集大成者。他早年求学于岳麓书院,通过科举进入翰林院后又跟随唐鉴、倭仁系统学习程朱理学,对于八股文章不能学以致用深有感触。这一时期,曾国藩整日与名师益友读朱子全书,谈修诚之事,并将自己的一念之差、一事之失,记于日记中。他将自己过去的一切不合圣贤规范的东西譬为"昨日种种死",而将一切合于圣贤规范的东西譬为"今日种种生"。在此时期,曾国藩产生了"效法前贤澄清天下之志"。

曾国藩在自己身体力行的同时,还劝诫诸弟,要把"格物致知"与"困心诚意"结合起来,即刻苦获得真知,知道之后要努力实行,使自己的知识、言行合乎标准。

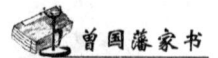

致诸弟 | 读书要有志、有识、有恒

诸位贤弟足下：

十一月十七寄第三号信，想已收到。父亲到县纳漕①，诸弟何不寄一信，交县城转寄省城也？以后凡遇有便，即须寄信，切要切要。九弟到家，遍走各亲戚家，必各有一番景况，何不详以告我？

四妹小产以后生育颇难，然此事最大，断不可以人力勉强。劝渠家只须听其自然，不可过于矜持。又闻四妹起最晏②，往往其姑③反服事他。此反常之事，最足折福。天下未有不孝之妇而可得好处者，诸弟必须时劝导之，晓之以大义。

诸弟在家读书，不审每日如何用功？余自十月初一立志自新以来，虽懒惰如故，而每日楷书写日记，每日读史十叶，每日记《茶余偶谈》一则，此三事未尝一日间断。十月二十一日立誓永戒吃水烟，洎④今已两月不吃烟，已习惯成自然矣。予自立课程甚多，惟记《茶余偶谈》、读史十叶、写日记楷本，此三事者誓终身不间断也。诸弟每人自立课程，必须有日日不断之功，虽行船走路，俱须带在身边。予除此三事外，他课程不必能有成；而此三事者，将终身以之。

前立志作《曾氏家训》一部，曾与九弟详细道及。后因采择经史，若非经史烂熟胸中，则割裂零碎，毫无线索；至于采择诸子各家之言，尤为浩繁，虽抄数百卷犹不能尽收。然后知古人作《大学衍义》《衍义补》诸书，乃胸中自有条例自有议论，而随便引书以证明之，非翻书而遍抄之也。然后知著书之难，故暂且不作《曾氏家训》。若将来胸中道理愈多，议论愈贯串，仍当为之。

现在朋友愈多。讲躬行心得者，则有镜海先生、艮峰前辈、吴竹如、窦兰泉、冯树堂；穷经知道者，则有吴子序、邵蕙西；讲诗、文、字而艺通于道者，则有何子贞；才气奔放，则有汤海秋；英气逼人志大神静，则有黄子寿。又有王少鹤（名锡振，广西主事，年二十七岁，张筱浦之妹夫）、朱廉甫（名琦，广西乙未翰林）、吴莘舍（名尚志，广东人，吴抚台之世兄）、庞作人（名文寿，浙江人）。此四君者，皆闻予名而先来拜。虽所造有浅深，要皆有志之士，不甘居于庸碌者也。京师为人文渊薮⑤，不求则无之，愈求则愈出。近来闻好友甚多，予不欲先去拜别人，恐徒标榜虚名。盖求友以匡己之不逮，此大益也；标榜以盗虚名，是大损也。天下有益之事，即有足损者寓乎其中，不可不辨。黄子寿近作

《选将论》一篇，共六千余字，真奇才也。子寿戊戌年始作破题，而六年之中遂成大学问，此天分独绝，万不可学而至。诸弟不必震而惊之，予不愿诸弟学他，但愿诸弟学吴世兄、何世兄。吴竹如之世兄现亦学艮峰先生写日记，言有矩，动有法，其静气实实可爱。何子贞之世兄，每日自朝至夕总是温书。三百六十日，除作诗文时，无一刻不温书。真可谓有恒者矣。故予从前限功课教诸弟，近来写信寄弟，从不另开课程，但教诸弟有恒而已。盖士人读书，第一要有志，第二要有识，第三要有恒。有志则断不甘为下流；有识则知学问无尽，不敢以一得自足，如河伯之观海，如井蛙之窥天，皆无识者也；有恒则断无不成之事。此三者缺一不可。诸弟此时，惟有识不可以骤几⑥，至于有志有恒，则诸弟勉之而已。予身体甚弱，不能苦思，苦思则头晕，不耐久坐，久坐则倦乏，时时属望惟诸弟而已。

明年正月恭逢祖大人七十大寿，京城以进十为正庆。予本拟在戏园设寿筵，窦兰泉及艮峰先生劝止之，故不复张筵。盖京城张筵唱戏，名为庆寿，实则打把戏。兰泉之劝止，正以此故。现在作寿屏两架：一架淳化笺四大幅，系何子贞撰文并书，字有茶碗口大；一架冷金笺八小幅，系吴子序撰文，予自书。淳化笺系内府用纸，纸厚如钱，光彩耀目，寻常琉璃厂无有也。昨日偶有之，因买四张。子贞字甚古雅，惜太大，万不能寄回。奈何奈何！侄儿甲三体日胖而颇蠢，夜间小解知自报，不至于湿床褥。女儿体好，最易扶携，全不劳大人费心力。

今年冬间，贺耦庚先生寄三十金，李双圃先生寄二十金，其余尚有小进项。汤海秋又自言借百金与我用。计还清兰溪、寄云外，尚可宽裕过年。统计今年除借会馆房钱外，仅借百五十金。岱云则略多些。岱云言在京已该账九百余金，家中亦有此数，将来正不易还。寒士出身，不知何日是了也！我在京该账尚不过四百金，然苟不得差，则日见日紧矣。

书不能尽言，惟诸弟鉴察。

兄国藩手草

道光二十二年十二月二十日

课程

主敬：整齐严肃，无时不惧。无事时心在腔子里，应事时专一不杂。

静坐：每日不拘何时，静坐一会，体验静极生阳来复之仁心。正位凝命，如鼎之镇。

早起：黎明即起，醒后勿沾恋。

读书不二：一书未点完，断不看他书。东翻西阅，都是徇外为人。

读史：二十三史每日读十叶，虽有事不间断。

写日记：须端楷。凡日间过恶：身过、心过、口过，皆记出，终身不间断。

日知其所亡：每日记《茶余偶谈》一则。分德行门、学问门、经济门、艺术门。

月无忘所能：每月作诗文数首，以验积理之多寡、养气之盛否。

谨言：刻刻留心。

养气：无不可对人言之事。气藏丹田。

保身：谨遵大人手谕，节欲、节劳、节饮食。

作字：早饭后作字。凡笔墨应酬，当作自己功课。

夜不出门：旷功疲神，切戒切戒！

【注释】

①纳漕：缴纳漕粮。

②晏：湘乡方言。晚，迟。

③姑：此处指婆母。

④泊：到、至。

⑤渊薮：人或事物聚集之处。

⑥骤几：很快成功。

【点评】

不同于传统知识分子读书"学而优则仕"的功利性目的，曾国藩认为："吾辈读书，只有两事：一者进德之事，讲求乎诚正修齐之道，以图无忝所生；一者修业之事，操习乎记诵词章之术，以图自卫其身。"

曾国藩认为，读书要有志、有识、有恒："有志则断不甘为下流，有识则知学问无尽，有恒则断无不成之事，此三者缺一不可。"

有志，指学习要立志高远，有远大的志向，才不会自甘堕落。有识，就是要知共识、有学识、会辨识，有见识，这样才不会坐井观天、知少为足。有恒，指读书要有恒心，活到老，学到老。

曾国藩资质平平，却以拙诚坚持的精神，成为后人的楷模，他的读书之道值得当代人借鉴。

致诸弟 ｜ 但拜明师，勿交损友；经以穷理，史以考事

诸位老弟足下：

正月十五日接到四弟、六弟、九弟十二月初五日所发家信。

四弟之信三叶，语语平实，责我待人不恕，甚为切当。谓"月月书信，徒以空言责弟辈，却又不能实有好消息，令堂上阅兄之书，疑弟辈粗俗庸碌，使弟辈无地可容"云云，此数语，兄读之不觉汗下。

我去年曾与九弟闲谈，云："为人子者，若使父母见得我好些，谓诸兄弟俱不及我，这便是不孝；若使族党称道我好些，谓诸兄弟俱不如我，这便是不弟。何也？盖使父母心中有贤愚之分，使族党口中有贤愚之分，则必其平日有讨好底意思，暗用机计，使自己得好名声，而使其兄弟得坏名声，必其后日之嫌隙由此而生也。刘大爷、刘三爷兄弟皆想做好人，卒至视如仇雠①，因刘三爷得好名声于父母族党之间，而刘大爷得坏名声故也。今四弟之所责我者，正是此道理，我所以读之汗下。但愿兄弟五人，各各明白这道理，彼此互相原谅，兄以弟得坏名为忧，弟以兄得好名为快。兄不能使弟尽道得令名，是兄之罪；弟不能使兄尽道得令名，是弟之罪。若各各如此存心，则亿万年无纤芥之嫌矣。

至于家塾读书之说，我亦知其甚难，曾与九弟面谈及数十次矣。但四弟前次来书，言欲找馆出外教书，兄意教馆之荒功误事，较之家塾为尤甚。与其出而教馆，不如静坐家塾。若云一出家塾便有明师益友，则我境之所谓明师益友者，我皆知之，且已夙夜熟筹之矣，惟汪觉庵师及阳沧溟先生，是兄意中所信为可师者。然衡阳风俗，只有冬学要紧，自五月以后，师弟皆奉行故事而已。同学之人，类皆庸鄙无志者，又最好讪笑人（其笑法不一，总之不离乎轻薄而已。四弟若到衡阳去，必以翰林之弟相笑，薄俗可恶）。乡间无朋友，实是第一恨事，不惟无益，且大有损，习俗染人，所谓与鲍鱼处，亦与之俱化也。兄尝与九弟道及，谓衡阳不可以读书，涟滨不可以读书，为损友太多故也。今四弟意必从觉庵师游，则千万听兄嘱咐，但取明师之益，无受损友之损也。

接到此信，立即率厚二到觉庵师处受业。其束脩②，今年谨具钱十挂。兄于八月准付回，不至累及家中。非不欲从丰，实不能耳。兄所最虑者，同学之人无志嬉游，端节以后放散不事事，恐弟与厚二效尤耳，切戒切戒。凡从师必久而后可以获益。四弟与季弟今年从觉庵师，若地方相安，则明年仍可从游；若一年换一处，是即无恒者见异思迁也，欲求长进难矣。

此以上答四弟信之大略也。

六弟之信，乃一篇绝妙古文。排奡③似昌黎，拗很似半山。予论古文，总须有倔强不驯之气，愈拗愈深之意。故于太史公外，独取昌黎、半山两家。论诗亦取傲兀不群者，论字亦然。每蓄此意，而不轻谈。近得何子贞意见极相合，偶谈一二句，两人相视而笑。不知六弟乃生成有此一支妙笔！往时见弟文，亦无大奇特者；今观此信，然后知吾弟真不羁才也。欢喜无极，欢喜无极！凡兄所有志而力不能为者，吾弟皆可为之矣。

信中言兄与诸君子讲学，恐其渐成朋党④，所见甚是。然弟尽可放心，兄最怕标榜，常存暗然尚䌹之意，断不至有所谓门户自表者也。信中言四弟浮躁不虚心，亦切中四弟之病，四弟当视为良友药石之言。

信中又有"荒芜已久，甚无纪律"二语。此甚不是。臣子与君亲，但当称扬善美，不可道及过错；但当谕亲于道，不可疵议细节。兄从前常犯此大恶，但尚是腹诽，未曾形之笔墨。如今思之，不孝孰大乎是？常与阳牧云并九弟言及之，以后愿与诸弟痛惩此大罪。六弟接到此信，立即至父亲前磕头，并代我磕头请罪。

信中又言："弟之牢骚，非小人之热中，乃志士之惜阴。"读至此,不胜惘然,恨不得生两翅忽飞到家,将老弟劝慰一番,纵谈数日乃快。然向使诸弟已入学,则谣言必谓学院做情。众口铄金,何从辩起!所谓"塞翁失马,安知非福"。科名迟早,实有前定,虽惜阴念切,正不必以虚名萦怀耳。

来信言"看《〈礼记〉疏》一本半,浩浩茫茫,苦无所得,今已尽弃,不敢复阅,现读朱子《纲目》,日十余叶"云云。说到此处,兄不胜悔恨。恨早岁不曾用功,如今虽欲教弟,譬盲者而欲导人之迷途也,求其不误难矣,然兄最好苦思,又得诸益友相质证,于读书之道,有必不可易者数端:穷经必专一经,不可泛骛。读经以研寻义理为本,考据名物为末。读经有一耐字诀:一句不通,不看下句;今日不通,明日再读;今年不精,明年再读;此所谓耐也。读史之法,莫妙于设身处地。每看一处,如我便与当时之人酬酢笑语于其间。不必人人皆能记也,但记一人,则恍如接其人;不必事事皆能记也,但记一事,则恍如亲其事。经以穷理,史以考事,舍此二者,更别无学矣。

盖自西汉以至于今,识字之儒,约有三途:曰义理之学,曰考据之学,曰词章之学。各执一途,互相诋毁。兄之私意,以为义理之学最大,义理明则躬行有要而经济有本。词章之学,亦所以发挥义理者也。考据之学,吾无取焉矣。此三途者,皆从事经史,各有门径。吾以为欲读经史,但当研究义理,则心一而不纷。是故经则专守一经,史则专熟一代,读经史则专主义理。此皆守约之道,确乎不可易者也。

若夫经史而外，诸子百家，汗牛充栋，或欲阅之，但当读一人之专集，不当东翻西阅，如读《昌黎集》，则目之所见，耳之所闻，无非昌黎，以为天地间除《昌黎集》而外，更无别书也。此一集未读完，断断不换他集，亦"专"字诀也。六弟谨记之。

读经、读史、读专集、讲义理之学，此有志者万不可易者也，圣人复起，必从吾言矣。然此亦仅为有大志者言之，若夫为科名之学，则要读四书文，读试帖、律赋，头绪甚多。四弟、九弟、厚二弟天资较低，必须为科名之学。六弟既有大志，虽不科名可也。但当守一"耐"字诀耳。观来信，言读《〈礼记〉疏》似不能耐者，勉之勉之！

兄少时天分不甚低，厥后日与庸鄙者处，全无所闻，窍被茅塞久矣。及乙未到京后，始有志学诗古文并作字之法，亦泪无良友。近年得一二良友，知有所谓经学者、经济者，有所谓躬行实践者，始知范、韩可学而至也，（司）马迁、韩愈亦可学而至也，程、朱亦可学而至也。慨然思尽涤前日之污，以为更生之人，以为父母之肖子，以为诸弟之先导。无如体气本弱，耳鸣不止，稍稍用心，便觉劳顿。每日思念，天既限我以不能苦思，是天不欲成我之学问也。故近日以来，意颇疏散。

计今年若可得一差，能还一切旧债，则将归田养亲，不复恋恋于利禄矣。粗识几字，不敢为非以蹈大戾已耳，不复有志于先哲矣。吾人第一以保身为要，我所以无大志愿者，恐用心太过，足以疲神也。诸弟亦须时时以保身为念，无忽无忽！

来信又驳我前书，谓必须博雅有才，而后可明理有用，所见极是。兄前书之意，盖以躬行为重，即子夏"贤贤易色"章之意，以为博雅者不足贵，惟明理者乃有用，特其立论过激耳。六弟信中之意，以为不博雅多闻，安能明理有用？立论极精。但弟须力行之，不可徒与兄辩驳见长耳。

来信又言四弟与季弟从游觉庵师，六弟、九弟仍来京中，或肄业城南云云。兄之欲得老弟共住京中也，其情如孤雁之求曹也。自九弟辛丑秋思归，兄百计挽留，九弟当能言之。及至去秋决计南归，兄实无可如何，只得听其自便。若九弟今年复来，则一岁之内忽去忽来，不特堂上诸大人不肯，即旁观亦且笑我兄弟轻举妄动。且两弟同来，途费须得八十金，此时实难措办。弟云言能自为计，则兄窃不信。曹西垣去冬已到京，郭云仙明年始起程，目下亦无好伴。惟城南肄业之说，则甚为得计。兄于二月间准付银二十两至金竺虔家，以为六弟、九弟省城读书之用。竺虔于二月起身南旋，其银四月初可到。

弟接到此信，立即下省肄业。省城中兄相好的如郭云仙、凌笛舟、孙芝房，皆在别处坐书院。贺蕺农、俞岱青、陈尧农、陈庆覃诸先生皆官声中人，不能伏案用功矣。惟闻有丁君者（名叙忠，号秩臣，长沙廪生），学问切实，践履笃诚。兄虽未曾见面，而稔知其可师。凡与我相好者，皆极力称道丁君。两弟到省，先到城南住斋，立即去拜丁君（托陈季牧为介绍），执贽受业。凡人必有师，若无师，则严惮之心不生。即以丁君为师，此外择友，则慎之又慎。昌黎曰："善不吾与，吾强与之附；不善不吾恶，吾强与之拒。"一生之成败，皆关乎朋友之贤否，不可不慎也。

来信以进京为上策，以肄业城南为次策。兄非不欲从上策，因九弟来去太速，不好写信禀堂上，不特九弟形迹矛盾，即我禀堂上亦必自相矛盾也。又目下实难办途费，六弟言能自为计，亦未历甘苦之言耳。若我今年能得一差，则两弟今冬与朱啸山同来甚好，目前且从次策。如六弟不以为然，则再写信来商议可也。此答六弟信之大略也。

九弟之信，写家事详细，惜话说太短。兄则每每太长，以后截长补短为妙。尧阶若有大事，诸弟随去，一人帮他几天。牧云接我长信，何以全无回信？毋乃嫌我话太直乎？扶乩之事，全不足信。九弟总须立志读书，不必想及此等事。季弟一切皆须听诸兄话。此次折弁走甚急，不暇抄日记本。余容后告。

冯树堂闻弟将到省城，写一荐条，荐两朋友。弟留心访之可也。

道光二十三年正月十七日

【注释】

①仇雠：雠，同"仇"，这里指互相看作仇人。

②束脩：古代儿童入学必用束脩作为拜师的礼物。此处指老师的酬金。

③排奡：刚劲有力，豪宕。指诗文书画笔力矫健奔放，不受约束。

④朋党：小集团，互相勾结的人。

【点评】

这是曾国藩统一回复几位弟弟的一封长信，因为兼具教育指导意义，所以家人相互传阅。

在信中，曾国藩着重谈了拜师交友的人生观和读经读史的方法论这两大问题。

学业进步与事业成功与否，除了自身努力外，很大程度上取决于拜师交友。一位名师犹如一位技艺高超的雕刻师，具有画龙点睛的功力，能够点化顽石，并最终将其打造成一件光彩夺目的艺术品。曾国藩曾在其父曾麟书的私塾就读，但曾麟书意识到自己能力有限，便将儿子送到外面读书，曾国藩先后师从汪觉庵、刘元堂。道光十三年，曾国藩以比他父亲小二十岁的年纪晚其父一年考中秀才。从湖南的小天地出来之后，曾国藩在京城师从唐鉴和倭仁，立下"学作圣人"之志，走上了一条以中人之资成伟人之业的蜕变之路。

交友也是不可忽略的一方面。明朝苏浚把朋友分为四种："道义相抵，过失相规，畏友也；缓急与共，生死可托，密友也；甘言如饴，游戏征逐，昵友也；利则相攘，患则相倾，贼友也。"一个人的交际圈，决定了他的人生境界。名师益友能够砥砺自己进步，而损友只能让自己自甘堕落，一步步走入下坡路而不自觉。

张潮《幽梦影》说："读经宜冬，其神专也；读史宜夏，其时久也；读诸子宜秋，其致别也；读诸集宜春，其机畅也。"

关于读书，尤其是经史，在曾国藩看来则没有如此惬意，他自谦说自己早年不用功，不能指点弟弟，但有一点心得，那就是读书中的愚公精神："经则专守一经，史则专熟一代。"正如同曾国藩打仗以"结硬寨，打呆仗"闻名，他读书行事，也以呆而硬闻名。他说读经要守得一个耐字诀："一句不通，不看下句；今天不通，明天再读；今年不精，明年再读。"这就叫耐心。至于读史他则强调要能够身临其境地去阅读。

致诸弟 | 绝大学问即在家庭日用之间

澄侯、叔淳、季洪三弟左右:

五月底连接三月一日、四月十八两次所发家信。

四弟之信,具见真性情,有困心横虑、郁积思通之象。此事断不可求速效。求速效必助长,非徒无益,而又害之。只要日积月累,如愚公之移山,终久必有豁然贯通之候;愈欲速则愈锢蔽①矣。

来书往往词不达意,我能深谅其苦。今人都将"学"字看错了。若细读"贤贤易色②"一章,则绝大学问即在家庭日用之间。于"孝""弟"③两字上尽一分便是一分学,尽十分便是十分学。今人读书皆为科名起见,于孝弟伦纪④之大,反似与书不相关。殊不知书上所载的,作文时所代圣贤说的,无非要明白这个道理。若果事事做得,即笔下说不出何妨!若事事不能做,并有亏于伦纪之大,即文章说得好,亦只算个名教中之罪人。贤弟性情真挚，而短于诗文，何不日日在"孝""弟"两字上用功？《曲礼》《内则》所说的，句句依他做出，务使祖父母、父母、叔父母无一时不安乐，无一时不顺适；下而兄弟妻子皆蔼然有恩，秩然有序，此真大学问也。若诗文不好，此小事，不足计；即好极，亦不值一钱。不知贤弟肯听此语否？

科名之所以可贵者，谓其足以承堂上之欢也，谓禄仕⑤可以养亲也。今吾已得之矣，即使诸弟不得，亦可以承欢，可以养亲，何必兄弟尽得哉？贤弟若细思此理，但于孝弟上用功，不于诗文上用功，则诗文不期进而自进矣。

凡作字总须得势，务使一笔可以走千里。三弟之字，笔笔无势，是以局促不能远纵。去年曾与九弟说及，想近来已忘之矣。

九弟欲看余白折。余所写折子甚少，故不付。大铜尺已经寻得。付笔回南，目前实无妙便，俟秋间定当付还。

去年所寄牧云信未寄去，但其信前半劝牧云用功，后半劝凌云莫看地，实有道理。九弟可将其信抄一遍仍交与他，但将纺棉花一段删去可也。地仙⑥为人主葬，害人一家，丧良心不少，未有不家败人亡者，不可不力阻凌云也。至于纺棉花之说，如直隶之三河县、灵寿县，无论贫富男妇，人人纺布为生，如我境之耕田为生也。江南之妇人耕田，犹三河之男人纺布也。湖南如浏阳之夏布、祁阳之葛布、宜昌之棉布，皆无论贫富男妇，人人依以为业。此并不足为骇异也。

第风俗难以遽变，必至骇人听闻，不如删去一段为妙。书不尽言。

兄国藩手草
道光二十三年六月初六日

【注释】

①锢蔽：禁锢蔽塞。

②贤贤易色：语出《论语》：子夏曰："贤贤易色；事父母，能竭其力，事君，能致其身；与朋友交，言而有信。虽曰未学，吾必谓之学矣。"

③孝弟：亦作"孝悌"。孝顺父母，敬爱兄长。朱熹集注："善事父母为孝，善事兄长为弟。"

④伦纪：伦常纲纪。

⑤禄仕：为食俸禄而居官，也泛指居官食禄。

⑥地仙：旧时民间看风水的骗子。

【点评】

修身齐家，才能治国平天下。

曾国藩是一个十分顾家的人，他曾在日记中写道："人生有用之岁月，半消磨于妻子"。很难想象，这样温柔暖心的句子竟出自一个整日带兵打仗的封疆大吏之口。

"世事洞明皆学问，人情练达即文章。"曾国藩读书、做人、做官、做事，一贯注重知行合一。曾国藩十年七次升迁，其突破瓶颈的诀窍，便在于领略到了"绝大学问即在家庭日用之间"的奥秘，某种程度上，这即是他治家思想的本源。他认为："读圣贤之书在于领悟其中的道理，领悟道理在于指导生活实践，只领悟其中道理，而不身体力行地去实践，不仅无益，反而有害。"

致诸弟 | 为学应力除傲气，力戒自满

四位老弟足下：

前次回信内有四弟诗，想已收到。九月家信有送率五诗五首，想已阅过。吾人为学，最要虚心。尝见朋友中有美材者，往往恃才傲物，动谓人不如己。见乡墨①，则骂乡墨不通；见会墨，则骂会墨不通。既骂房官②，又骂主考；未入学者，则骂学院。平心而论，己之所以诗文，实亦无胜人之处；不特无胜人之处，而且有不堪对人之处。只为不肯反求诸己，便都见得人家不是。既骂考官，又骂同考而先得者。傲气既长，终不进功，所以潦倒一生而无寸进也。

余平生科名，极为顺遂，惟小考七次始售。然每次不进，未尝敢出一怨言，但深愧自己试场之诗文太丑而已。至今思之，如芒在背。当时之不敢怨言，诸弟问父亲、叔父及朱尧阶便知。盖场屋之中，只有文丑而侥幸者，断无文佳而埋没

者，此一定之理也。

三房十四叔非不勤读，只为傲气太胜，自满自足，遂不能有所成。京城之中，亦多有自满之人，识者见之，发一冷笑而已。又有当名士者，鄙科名为粪土，或好作诗古，或好讲考据，或好谈理学，嚣嚣③然自以为压倒一切矣。自识者观之，彼其所造，曾无几何，亦足发一冷笑而已。故吾人用功，力除傲气，力戒自满，毋为人所冷笑，乃有进步也。

诸弟平日皆恂恂④退让，第累年小试不售⑤，恐因愤激之久，致生骄惰之气，故特作书戒之。务望细思吾言而深省焉，幸甚幸甚！

国藩手草
道光二十四年十月二十一日

【注释】

①乡墨：在明清科举考试的乡试中，把被主考和房官选中而刊印出来给考生示范的八股文文集。
②房官：帮主考评审、选录并推荐试卷的阅卷官。
③嚣嚣：喧华，吵闹。此处比喻沸沸扬扬。
④恂恂：小心谨慎的样子。
⑤不售：不第，落榜。

【点评】

曾国藩此文写得颇有文采，将狂妄书生的嘴脸刻画得入木三分。毛泽东曾说："谦虚使人进步，骄傲使人落后。"正是曾国藩谦虚谨慎、从不自满的学习态度，让毛泽东发出"予于近人独服曾文正公"的感叹。

恃才傲物之人把自己放在与他人、与社会对立的位置，得不偿失。曾国藩提倡"反求诸己"，凡事反躬自问，积极改造自身，这种蜗牛式的协调型人格，让他受益终生。

西周时盛水的"欹器"，空时倾斜，装一半水时中正直立，水满则自动翻倒。《荀子》有云："虚则欹，中则正，满则覆。"蒋中正之名即由此而来。《省心录》上说："自满者败，自矜者愚。"李小龙深谙"空杯理论"，他说："清空你的杯子，方能再行注满。"

不仅治学，为人亦要谦虚谨慎。庄子讲过一个故事：吴王游长江，停船登猴山。众猴皆逃窜，唯一猴从容跳荡，灵巧异常。吴王引弓，猴竟能接住飞箭。吴王怒，令随从齐射，猴死。吴王对其友人颜不疑说："此猴自恃灵巧敏捷，藐视我，自寻死路，你切不可对人骄傲。"颜不疑归，请教贤人董梧，改其神情气质，远声色，拒荣显，三年后，京城中人赞之。

曹操评价祢衡："腐儒舌剑，自招杀身之祸。"刘禹锡说华佗之死："史称华佗以恃能厌事，为曹公所怒。"以上二例，皆因自傲、自满惹祸。

致诸弟 | 学问之道，贵在有恒

四位老弟足下：

前月寄信，想已接到。余蒙祖宗遗泽①，祖、父教训，幸得科名，内顾无所忧，外遇无不如意，一无所觖矣。所望者再得诸弟强立，同心一力，何患令名之不显？何患家运之不兴？欲别立课程，多讲规条，使诸弟遵而行之，又恐诸弟习见而生厌心；欲默默而不言，又非长兄督责之道。是以往年常示诸弟以课程，近来则只教以有恒二字。所望于诸弟者，但将诸弟每月功课写明告我，则我心大慰矣。乃诸弟每次写信，从不将自己之业写明，乃好言家事及京中诸事。此时家中重庆，外事又有我料理，诸弟一概不管可也。以后写信，但将每月作诗几首，作文几首，看书几卷，详细告我，则我欢喜无量。诸弟或能为科名中人，或能为学问中人，其为父母之令子一也，我之欢喜一也。慎弗以科名稍迟，而遂谓无可自力也。如霞仙今日之身分，则比等闲之秀才高矣。若学问愈进，身分愈高，则等闲之举人、进士又不足论矣。

学问之道无穷，而总以有恒为主。兄往年极无恒，近年略好，而犹未纯熟。自七月初一起至今，则无一日间断。每日临帖百字，抄书百字，看书少亦须满二十叶，多则不论。自七月起至今，已看过《王荆公②文集》百卷，《归震川③文集》四十卷，《诗经大全》二十卷，《后汉书》百卷，皆朱笔加圈批。虽极忙，亦须了本日功课，不以昨日耽搁而今日补做，不以明日有事而今日预做。诸弟若能有恒如此，则虽四弟中等之资，亦当有所成就，况六弟、九弟上等之资乎？

明年肄业之所，不知已有定否？或在家，或在外，无不可者。谓在家不可用功，此巧于卸责者也。吾今在京，日日事务纷冗，而犹可以不间断，况家中万万不及此间之纷冗乎？树堂、筠仙自十月起，每十日作文一首，每日看书十五叶，亦极有恒。诸弟试将朱子《纲目》过笔圈点，定以有恒，不过数月即圈完矣。若看注疏④，每经亦不过数月即完。切勿以家中有事而间断看书之课，又弗以考试将近而间断看书之课。虽走路之日，到店亦可看；考试之日，出场亦可看也。

兄日夜悬望，独此有恒二字告诸弟，伏愿诸弟刻刻留心。幸甚幸甚。

兄国藩手草
道光二十四年十一月二十一日

【注释】

①遗泽：祖辈遗留下来的恩泽，自谦之说。

②王荆公：即宋代政治家王安石。

③归震川：即明代学者归有光。

④注疏：注文和疏解的合称。对文章或书籍正文做的解释称为注，始于汉代。唐代时，汉人注解已不易理解。于是注者既注解正文，也注解前人注解，总体加以疏通，这种注解称为"疏"。此处泛指后人对前代文章典籍所作注解、疏证。

【点评】

学问之道，贵在有恒。

恒，作为曾国藩为人、治学的核心要素之一，在他的诗文或书信中曾多次提及。例如，曾国藩曾说："盖士人读书，第一要有志，第二要有识，第三要有恒。"在给儿子曾纪泽的一封信中，他说："尔欲稍有成就，须从有恒二字下手。"

加拿大作家格拉德威尔提出过著名的"一万小时定律"：要成为某个领域的专家，需要10000小时，按比例计算就是：如果每天工作八个小时，一周工作五天，那么成为一个领域的专家至少需要五年。这和中国古人"十年磨一剑"的说法不谋而合。

"靡不有初，鲜克有终。"人生是一场马拉松，输在起跑线上并不可怕,可怕的是在途中掉队,甚至中途退出。人生,拼的不是起点,不是智商,而是自控力。"若能有恒,虽中等之资,亦当有所成就。"曾氏此语,无疑给那些自认天资一般的人打了一针强心剂。

大道若简,知易行难。成功的奥秘,无外乎老生常谈的两个字——坚持。

致诸弟 | 诗之为道,门径不同

四位老弟足下:

二月有折差到京,余因眼蒙,故未写信。三月初三接到正月二十四所发家信,无事不详悉,忻喜之至。此次眼尚微红,不敢多作字,故未另禀堂上。一切详此书中,烦弟等代禀告焉。

去年所寄银,余有分馈亲族之意。厥后①屡次信问,总未详明示悉。顷奉父亲示谕,云皆已周到,酌量减半。然以余所闻,亦有过于半者,亦有不及一半者。下次信来,务求九弟开一单告我为幸。

受恬之钱,既专使去取,余又有京信去,想必可以取回,则可以还江岷山、东海之项矣。岷山、东海之银,本有利息,余拟送他高丽参共半斤,挂屏、对联各一付,或者可少减利钱,待公车归时带回。父亲手谕要寄银百两回家,亦待公车带回。有此一项,则可以还率五之钱矣。

率五想已到家，渠是好体面之人，不必时时责备他，惟以体面待他，渠亦自然学好。兰姊买田，可喜之至。惟与人同居，小事要看松些，不可在在讨人恼。

欧阳牧云要与我重订婚姻，我非不愿，但渠与其妹是同胞所生。兄妹之子女，犹然骨肉也。古者婚姻之道，所以厚别也，故同姓不婚。中表为婚，此俗礼之大失。譬如嫁女而号泣，奠礼而三献，丧事而用乐，此皆俗礼之失，我辈不可不力辨之。四弟以此义告牧云，吾徐当作信复告也。

罗芸皋于二月十八日到京，路上备尝辛苦，为从来进京者所未有，于二十七日在圆明园正大光明殿补行复试。湖南补复试者四人。余在园送考，四人皆平安，感余之情。今年新科复试，正场取一等三十七人，二三等人数甚多。四等十三人，罚停会试二科。补复者一等十人，二三等共百六十人。四等五人，亦罚停二科。立法之初，无革职者，可谓宽大。湘乡共到十人。邓铁松因病不能进场。渠吐血是老病，或者可保无虞。

芸皋所带小菜、布匹、茶叶俱已收到，但不知付物甚多，何以并无家信？四弟去年所寄诗已圈批寄还，不知收到否？汪觉庵师寿文，大约在八月前付到。五十已纳征礼成，可贺可贺。朱家气象甚好，但劝其少学官款，我家亦然。

啸山接到咨文，上有祖母已没字样，甚为哀痛，归思极迫。余再三劝解，场后即来余寓同住。我家共住三人。郭二于二月初八到京，复试二等第八。上下合家皆清吉。余耳仍鸣，无他恙。内人及子女皆平安。树堂榜后要南归，将来择师尚未定。

六弟信中言功课在廉让之间，此语殊不可解。所需书籍，惟《子史精华》家中现有，准托公车带归。《汉魏百三家》，京城甚贵，余已托人在扬州买，尚未接到。《稗海》及《绥寇纪略》亦贵，且寄此书与人，则必帮人车价。因此书尚非吾弟所宜急务者，故不买寄。元明名古文尚无选本。近来邵蕙西已选元文，渠劝我选明文，我因无暇尚未选。古文选本，惟姚姬传先生所选本最好。吾近来圈过一遍，可于公车带回。六弟用墨笔加圈一遍可也。

九弟诗大进，读之为之距跃三百，即和四章寄回。树堂、筠仙、意诚三君，皆各有和章。诗之为道，各人门径不同，难执一己之成见以概论。吾前教四弟学袁简斋，以四弟笔情与袁相近也。今观九弟笔情，则与元遗山相近。吾教诸弟学诗无别法，但须看一家之专集，不可读选本，以汩没[2]性灵。至要至要。吾于五七古学杜、韩，五七律学杜，此二家无一字不细看。外此则古诗学苏、黄，律诗学义山，此三家亦无一字不看。五家之外，则用功浅矣。我之门径如此，诸弟或从我行，或别寻门径，随人性之所近而为之可耳。

余近来事极繁，然无日不看书。今年已批韩诗一部，正月十八批毕。现在批《史记》已三分之二，大约四月可批完。诸弟所看书望详示。邻里有事，亦望示知。

国藩手草
道光二十五年三月初五日

【注释】

①厥后：过后。
②汩没：埋没，掩没。

【点评】

曾国藩在戎马倥偬、案牍劳形之余，不仅留下了诸多诗歌及挽联作品，而且多次在书信、日记中阐述过自己的诗学观，提出了"气势""识度""情韵""趣味""机神"等诗学审美范畴，并亲编《十八家诗钞》以指明诸弟、子侄的学诗途辙。

曾国藩在本封信中强调了各种诗体应精读的诗作，并在日记中进一步总结道："五古拟读陶潜、谢朓两家，七古拟专读韩愈、苏轼两家，五律专读杜甫，七律专读黄庭坚，七绝专读陆游。"

曾国藩的诗词独具高格，不同于一般的文人诗词。他的诗词中有渴望建功立业的雄伟抱负，如"建永世之业，流金石之功"等；有放情田园的闲适淡然，如"待尔双双至，春回又一年。开尊皆旧友，发座半新篇。荔子红时雨，芭且绿外天。江乡好风景，话向酒杯前"；有洞悉世事的苦心规劝，如"左列钟铭右傍书，人间随处有乘除。低头一拜屠羊说，万事浮云过太虚。"

致诸弟 | 步步前行，日日不止

澄侯、子植、季洪三弟左右：

二月二十一日接到三弟正月初旬手书，具悉一切。澄侯以腊月二十三日至岳州，余见罗芸皋已知之。后过湖又阻风，竟走七十余天始到。人事之难测如此！吾弟此后又添了阅历工夫矣。黎樾乔托带之件，当装车时，吾语弟曰："此物在大箱旁边恐不妥，弟明日到店，须另安置善地。"不知弟犹记得我言否？出门人事事皆须细心。今既已弄坏，则亦不必过于着急。盖此事黎樾翁与弟当分任其咎。两人皆粗心，不得专责弟一人也。

祖大人之病久不见效，兄细思之，恐有火，不宜服热药，盖祖父体赋素强，丁酉之春以服补药之故，竟成大病。后泽六爷以凉药治好。此次每日能吃三中碗饭，则火未甚衰，恐医者不察，彼见小便太数，则以为火衰所致，概以热药投之，亦足误事。兄不明医理,又难遥度①,而回忆丁酉年之往事,又闻陶云汀先生为补药所误之说,特书告家中。望与名医细商,不知有可服凉药之理否?兄自去年接祖母讣后,即日日思抽身南归。无如欲为归计,有三难焉:现在京寓欠账五百多金,欲归则无钱还帐,而来往途费亦须四百金,甚难措办。一难也。不带家眷而归,则恐我在家或有事留住,不能遽还京师,是两头牵扯;如带家眷,则途费更多,家中又无房屋。二难也。我一人回家,轻身快马,不过半年可以还京。第开缺之后,明年恐尚不能补缺,又需在京闲住一年。三难也。

有此三难,是以踌躇不决。而梦寐之中,时时想念堂上老人,望诸弟将兄意详告祖父及父母。如堂上有望我回家之意,则弟书信与我,我概将家眷留在京师,我立即回家。如堂上老人全无望我归省之意,则我亦不敢轻举妄动。下次写信,务必详细书堂上各位老人之意。

祖母之葬事既已办得坚固,则不必说及他事。日前所开山向吉凶之说,亦未可尽信。山向之说,地理也;祖父有命而子孙从之,天理也。祖父之意已坚,而为子孙者乃拂违其意,而改卜他处,则祖父一怒,肝气必郁,病势必加,是已大逆天理;虽得吉地,犹将变凶,而况未必吉乎?自今以后不必再提改葬之说。或吉或凶,听天由命;即朱尧阶、易敬臣亦不必请他寻地(尧阶二人如看得有妥地,亦不妨买)。四弟则在家帮父亲、叔父管家事,时时不离祖父左右。九弟、季弟则专心读书。只要事事不违天理,则地理之说,可置之

不论不议矣。

吾身之癣,春间又发,特不如去岁之甚。面上颈上则与弟出京时一样,未再发也。六弟近日颇发愤,早间亦能早起。纪泽《诗经》尚未读完,现系竹屋教,总多间断,将来必要请一最能专馆之人。

黎樾乔御史报满引见,回原衙门行走。黄正斋之长子于正月初间失去,至今尚未归来。邓星阶就正斋之馆,李希庵就杜兰溪之馆,系我所荐。同县刘九爷、罗邹二人及新科三人皆已到京,住新馆。江岷樵住张相公庙,去我家甚近。郭筠仙尚未到。袁漱六于正月二十四到京,现在家眷住北半截胡同。周荇农尚未到。杨春皆于正月二日生一子。刘药云移寓虎坊桥,其病已全好。赵崧原之妻于正月仙逝。舒伯鲁二月出都。我家碾儿胡同房东将归,三四月必须搬家。黄秋农之银已付来,加利息十两,兄意欲退还他。

九弟、季弟读书,开口便有自画之意。见得年纪已大,功名无成,遂有懒惰之意。此万万不可!兄之乡试座师徐晓邨、许吉斋两先生,会试房师季仙九先生,皆系二十六七入泮,三十余岁中举,四十余岁入词林。诸弟但需日日用功,万不能作叹老嗟卑[②]之想。譬如人欲之京师,一步不动而长吁短叹,但曰京师之远,岂我所能到乎?则旁观者必笑之矣。吾愿吾弟步步前行,日日不止,自有到期,不必计算远近而徒长吁短叹也。望澄侯时时将此譬喻说与子植、季洪听之,千万千万!无怠无忽!

九弟信言诸妯娌不甚相能，尤望诸弟修身型妻，力变此风。若非诸弟痛责己躬，则内之气象必不改，而乖戾之致咎不远矣。望诸弟熟读《训俗遗规》《教女遗规》，以责己躬，以教妻子。此事全赖澄弟为之表率，关系至大，千万千万！不胜嘱切之至！伏惟留心自反为幸。

兄国藩手草
道光二十七年二月十二日

【注释】

①遥度：谓在远处规划或推测。

②叹老嗟卑：感叹年已老大而犹未显达。出自陆游《岁暮》："小筑幽栖与拙宜，读书写字伴儿嬉。已无叹老嗟卑意，却喜分冬守岁时。"

【点评】

励志文章《每天进步一点点》中说："一步登天做不到，但一步一个脚印能做到；一鸣惊人不好做，但一股劲做好一件事可以做；一下成为天才不可能，但每天进步一点点有可能。"

曾国藩在信中劝诫诸弟读书切不可半途而废，并希望诸位弟弟能够像唐僧取经一样，步步前行，日日不止，纵使路上有万般艰难。

那些为了信仰而朝圣的僧众们，他们虔诚而无畏，步步前行，日日不止，跪下去，爬起来，再扑下去，用自己的灵魂，去叩拜他们心灵深处永驻的神灵。那份虔诚，让人震撼，也让人惊叹。

　　人生之路，是一场从无到有，又从有到无的跋涉，但这跋涉的过程中，总有些山要自己去攀登，总有些水要自己去趟过，总有些路要一步一个脚印走过。为学，要有"不积跬步，无以至千里；不积小流，无以成江海"的态度，并且要凭着实学力行的精神，坚持到底。

养生篇

致沅弟 | 抑郁怨尤非养德保身之道

沅甫九弟左右：

春二、安五归，接手书，知营中一切平善，至为欣慰。

次青二月以后无信寄我，其眷属至江西不知果得一面否？弟寄接到胡中丞奏伊入浙之稿，未知果否成行？顷得耆中丞十三日书，言浙省江山、兰溪两县失守，调次青前往会剿。是次青近日声光亦渐渐脍炙人口。广信、衢州两府不失，似浙中终可无虑，未审近事究复如何？广东探报，言逆夷有船至上海，亦恐其为金陵余孽所攀援。若无此等意外波折，则洪杨股匪不患今岁不平耳。

九江竟尚未克，林启容之坚忍实不可及。闻麻城防兵于三月十日小挫一次，未知确否？弟于次青、迪、厚、雪琴等处须多通音问，俾余亦略有见闻也。

家中四宅大小眷口清吉。兄病体已愈十之七八，日内并未服药，夜间亦能熟睡，至子丑以后则醒，是中年后人常态，不足异也。纪泽自省城归，二十五日到家。尧阶二十六日归去。澄侯二十七日赴永丰，为书院监课事。湘阴吴贞阶司马于二十六日来乡，是厚庵嘱其来一省视，次日归去。

余所奏报销大概规模一折，奉朱批："该部议奏。"户部奏于二月初九日。复奏言"曾国藩所拟尚属妥协"云云。至将来需用部费不下数万。闻杨、彭在华阳镇抽厘，每月可得二万，系雪琴督同凌荫庭、刘国斌等经纪其事，其银归水营杨、彭两大股分用。余偶言可从此项下设法筹出部费，贞阶力赞其议。想杨、彭亦必允从。此款有着，则余心又少一牵挂。

郭意诚信言四月当来乡一次。胡莲舫信言五月当来一次。余前荐许仙屏至杨军门处，系厚庵专人来此请荐作奏者。余荐意诚、仙屏二人，闻胡中丞荐刘小钺（芳蕙，袁州人），已为起草一次，不知尚须再请仙屏否？余因厚庵未续有缄来，故未先告仙屏也。仙屏上次有一信与余，尚未复信。若已来吉营，乞先为致意。季高处此次匆遽，尚未作书，下次决不食言。

温弟尚在吉安否？前胡二等赴吉，余信中未道及温弟事。两弟相晤时，日内必甚欢畅。温弟丰神毅峻①，与兄之伉直简憕②虽微有不同，而其难于谐世，则殊途而同归。余常用为虑。大抵胸多抑郁，怨天尤人，不特不可以涉世，亦非所以养德；不特无以养德，亦非所以保身。中年以后，则肝肾交受其病。盖郁而不畅，则伤木；心火上烁，则伤水。余今日之目疾及夜不成寐，其由来不外乎此。故于两弟时时以"平和"二字相勖，幸勿视为老生常谈。至要至嘱。

朱云亭妹夫二十七日来看余疾，语及其弟存七尚无功名。兹开具履历各条，望弟即为玉成之。亲族往弟营者人数不少，广厦万间，本弟素志。第善觇国③者，睹贤哲在位，则卜其将兴；见冗员浮杂，则知其将替。善觇军者亦然。似宜略为分别：其极无用者，或厚给途费遣之归里，或酌赁民房令住营外，不使军中有惰漫喧杂之象，庶为得宜。至顿兵城下为日太久，恐军气渐懈，如雨后已弛之弓，三日已腐之撰，而主者晏然，不知其不可用。此宜深察者也。附近百姓果有骚扰情事否？此亦宜深察者也。

目力极疲，此次用先大夫眼镜，故字略小，而蒙蒙者仍如故。温弟未及另缄，谅之。

兄国藩手草
咸丰八年三月三十日

【注释】

①丰神毅峻：神气十足，严肃庄重。

②伉直简憁：刚直不阿，不重势利。

③觇国：观察国情，亦谓窥伺帝位。觇，看，偷偷地察看。

【点评】

　　曾国藩写此信时正值丁忧守父丧,加之军事不顺,饷银不足,朝廷缺乏信任,待遇不公,其心中郁闷可想而知。

　　人往往易为外部世界的功名利禄所诱惑,整日蝇营狗苟于物质利益的得失取舍,很易导致身心疲惫。一旦内心失衡,则难免怨言、牢骚不绝。"胸多抑郁,怨天尤人"这八字,既是规劝,亦是自省。抑郁、怨尤不仅不利于在社会上立足做事,还会影响良好气质和品德的培养,甚至危害健康。

　　道家的广成子曾说:"毋劳汝形,毋摇汝精;皈心静默,可以长生。"伟大的人物有坦荡的胸襟,有乐观的态度,他们利用遭遇的困难修养品德,此时他们不仅思想境界大有提升,而且筋骨也会更加强健。明白这一点之后,曾国藩开始培养宽阔的胸襟,"不怨天,不尤人,行有不得,反求诸己",并进一步用八个字阐述:"小心安命,埋头任事。"

养生篇

谕纪泽 | 不服医生所开方药

字谕纪泽儿：

曾名琮来，接尔十一月二十五日禀，知十五、十七尚有两禀未到。尔体甚弱，咳吐咸痰，吾尤以为虑，然总不宜服药。药能活人，亦能害人。良医则活人者十之七，害人者十之三；庸医则害人者十之七，活人者十之三。余在乡在外，凡目所见者，皆庸医也。余深恐其害人，故近三年来，决计不服医生所开之方药，亦不令尔服乡医所开之方药。见理极明，故言之极切，尔其敬听而遵行之。每日饭后走数千步，是养生家第一秘诀。尔每餐食毕，可至唐家铺一行，或至澄叔家一行，归来大约可三千余步。三个月后，必有大效矣。

尔看完《后汉书》，须将《通鉴》看一遍。即将京中带回之《通鉴》，仿照余法，用笔点过可也。尔走路近略重否？

说话略钝否?千万留心。此谕。

涤生手示
咸丰十年十二月二十四日

【点评】

　　《论语》里记载,季康子送药给孔子,孔子说:"丘未达,不敢尝。"曾国藩熟读儒家经典,加之受祖父"不信医"的影响,认为"药虽有利,害亦随之,不可轻服",反对动辄用丹药治疗。对于补药,曾国藩认为补品妙用是补药,误用则是毒药。相比于一味进食补药,曾国藩更强调锻炼的重要性。

　　曾国藩在主张"不轻服药"的同时,谈到了"饭后千步走"和"洗脚"的养生方法。曾国藩常年坐在军营大帐中办公,饭后适当走动,可以保证肠胃的血液供应,使食物得到充分消化。而洗脚可以舒筋活络、消除疲劳、预防疾病,促进新陈代谢等,让曾国藩受益不少。时至今日,晚饭后散步的人们和开遍全国大街小巷的足疗馆便是曾国藩饭后行走、洗脚等养生之道的佐证。

致沅弟 | 去忿欲以养体，存倔强以励志

沅弟左右：

十九日接弟十四日缄，交林哨官带同者，具悉一切。

肝气发时，不惟不和平，并不恐惧，确有此境。不特弟之盛年为然，即余渐衰老，亦常有勃不可遏之候。但强自禁制，降伏此心，释氏所谓降龙伏虎。龙即相火也，虎即肝气也。多少英雄豪杰打此两关不过，亦不仅余与弟为然。要在稍稍遏抑，不令过炽。降龙以养水，伏虎以养火。古圣所谓窒欲，即降龙也；所谓惩忿，即伏虎也。儒释之道不同，而其节制血气，未尝不同，总不使吾之嗜欲戕害吾之躯命而已。

至于"倔强"二字，却不可少。功业文章，皆须有此二字贯注其中，否则柔靡不能成一事。孟子所谓"至刚"，孔子所谓"贞固"，皆从"倔强"二字做出。吾兄弟皆禀母德居多，其好处亦正在倔强。若能去忿欲以养体，存倔强以励

志，则日进无疆矣。

新编五营，想已成军。郴桂勇究竟何如？殊深悬系。吾牙疼渐愈，可以告慰。刘馨室一信抄阅，顺问近好。

同治二年正月二十日

【点评】

愤怒是丧失理智的表现，忍无可忍，以至拍案而起，最后鱼死网破，两败俱伤。战场上，聪明的将士总是善于激怒对方，让敌人在冲动中犯错，从而使己方取得胜利。

君子善于止怒。林则徐年轻时性情刚烈，极易动怒，曾被小人制造借口加以利用，后来他在书房中挂了一块"制怒"的牌子，时刻提醒自己"善养怒中怒，谨防顺口言"。

清代"救时宰相"阎敬铭有一首《不气歌》："他人气来我不气，我本无心他来气。倘若生气中他计，气下病来无人替……"当代书法家赵朴初《宽心谣》也是劝人止怒："日出东海落西山，愁也一天，喜也一天……"

去除心中对别人的忿欲，应从正身守己处下功夫。每天和自己较劲，自己认准的事情，就要不断坚持，不断奋发，虽然面对长年累月的枯燥、乏味、单调、寂寞，但一旦认准，就要专注地做下去，做到极致，这便是倔强之气。

致沅弟 | 先有豁达光明之识，后有恬淡冲融之趣

沅弟左右：

二十三日张成旺归，接十八日来缄，旋又接十九日专人一缄，具悉一切。

弟读邵子^①诗，领得恬淡冲融之趣，此自是襟怀长进处。自古圣贤豪杰、文人才士，其志事不同，而其豁达光明之胸大略相同。以诗言之，必先有豁达光明之识，而后有恬淡冲融^②之趣。如李白、韩退之、杜牧之则豁达处多，陶渊明、孟浩然、白香山则冲淡处多。杜、苏二公无美不备，而杜之五律最冲淡，苏之七古最豁达。邵尧夫虽非诗之正宗，而豁达、冲淡二者兼全。吾好读《庄子》，以其豁达足益人胸襟也。去年所讲"生而美者，若知之，若不知之，若闻之，若不闻之^③"一段，最为豁达。推之即舜禹之有天下而不与^④，亦同此襟怀也。

吾辈现办军务，系处功利场中，宜刻刻勤劳，如农之力穑，如贾之趣利，如篙工之上滩⑤，早作夜思，以求有济。而治事之外，此中却须有一段豁达冲融气象。二者并进，则勤劳而以恬淡出之，最有意味。余所以令刻"劳谦君子"印章与弟者，此也。

无为之贼十九日围扑庐江后，未得信息。捻匪于十八日陷宿松后，闻二十一日至青草塥。庐江吴长庆、桐城周厚斋均无信来，想正在危急之际。成武臣亦无信来。春霆二十一日尚在泥汊，顷批令速援庐江。祁门亦无信来，不知若何危险。少荃已克复太仓州，若再克昆山，则苏州可图矣。吾但能保沿江最要之城隘，则大局必日振也。顺问近好。

国藩手草
同治二年三月二十四日

【注释】

①邵子：邵雍，字尧夫，谥康节。北宋道学家，与周敦颐、张载、程颢、程颐并称"北宋五子"。

②恬淡冲融：淡泊名利，把一切事情都看透了。恬淡，不追求名利。冲融：通行的大道。融，通。

③"生而美者"句：语出《庄子·则阳》："生而美者，人与之鉴，不告则不知其美于人也。若知之，若不知之，若闻之，若不闻之，其可喜也终无已；人之好之亦无已，性也。"

④有天下而不与：语出《论语·泰伯》："子曰：'巍巍乎，舜禹之有天下也，而不与焉！'"

⑤"农之力穑"句：力穑，努力收割庄稼。贾之趣利，商人积极营利。篙工，意为划船的人。篙，撑船的竹竿或木竿。

【点评】

曾国藩论诗之语，多散见于其信札、日记、书函之中，虽不成系统，却不乏精辟可取之处。在曾国藩所标举的诗家楷模中，可以看出他称道的不外乎杜、韩、苏、黄、义山诸家。在他看来，作诗要法李白、韩愈、杜牧、苏轼等人的豁达光明之气，而学陶渊明、孟浩然、白居易的冲澹和谐之趣。凡事看得开，才能内心平和。

曾国藩曾写过一副名联："养活一团春意思，撑起两根穷骨头。"上联是说做人处世要"柔"，要有"内圣"至道。不管是顺境还是逆境，人的信念都要像春天一样朝气蓬勃，保持旺盛的生机。下联是指待人接物要"刚"，能"外王"。不管身处何境，脊梁骨必须要撑得起，挺得住，能在困厄中求出路。

《红楼梦》有云："汝果欲学诗，功夫在诗外。"曾国藩从作诗谈到做人，告诫曾国荃身处名利场，要有淡泊之心。对于名利成败，要看得开。

谕纪泽 | 夜饭不荤乃亦养生崇俭之道

字谕纪泽儿：

接尔十一、十五日两次安禀，具悉一切。尔母病已全愈，罗外孙亦好，慰慰。

余到清江已十一日，因刘松山未到，皖南各军闹饷，故尔迟迟未发。雉河、蒙城等处日内亦无警信。罗茂堂等今日开行，由陆路赴临淮。余俟刘松山到后，拟于二十一日由水路赴临淮。身体平安。惟廑念①湘勇闹饷，有弗戢自焚②之惧，竟日忧灼。蒋之纯一军在湖北业已叛变，恐各处相煽，即湘乡亦难安居。思所以痛惩之之法，尚无善策。

杨见山之五十金，已函复小岑在于伊卿处致送。邵世兄及各处月送之款，已有一札，由伊卿长送矣。惟壬叔向按季送，偶未入单，刘伯山书局撤后，再代谋一安砚之所。该局何时可撤，尚无闻也。

寓中绝不酬应，计每月用钱若干？儿妇诸女，果每日纺绩有常课否？下次禀复。吾近夜饭不用荤菜，以肉汤炖蔬菜一二种，令其烂如虀③，味美无比，必可以资培养（菜不必贵，适口则足养人），试炖与尔母食之（星冈公好于日入时手摘鲜蔬，以供夜餐。吾当时侍食，实觉津津有味，今则加以肉汤，而味尚不逮于昔时）。后辈则夜饭不荤，专食蔬而不用肉汤，亦养生之宜，且崇俭之道也。颜黄门（之推）《颜氏家训》④作于乱离之世，张文端（英）《聪训斋语》⑤作于承平之世，所以教家者极精。尔兄弟各觅一册，常常阅习，则日进矣。

涤生手草（清江浦）

同治四年五月十九日

【注释】

①廑念：殷切关注。

②弗戢自焚：语出《左传·隐公四年》："夫兵，犹火也。弗戢，将自焚也。"战争就像玩火，不在适当情况下及时止息，就会把自己烧掉。

③虀：带骨的肉酱。

④《颜氏家训》：我国第一部成体系的家训，作者为南北朝著名文学家教育家颜之推。颜之推一生历仕四朝，"三为亡国之人"，饱尝亡国丧家离乱之苦。

⑤《聪训斋语》：作者张英，官至文华殿大学士。

【点评】

对于晚餐,医家的建议是量少、清淡、趁早。民间关于养生有"早餐吃得要像皇帝,午餐吃得要像平民,晚餐吃得要像乞丐"之说。佛教则说:"早餐是天食,中餐是人食,晚餐是鬼食。"

古人"日出而作,日落而息",一日两餐,早餐一般在上午7点到9点;为了应付繁重的劳务,早餐需要多吃些食物,故也称"大食"。下午1点到3点再吃时,因为天将黑,吃得少,称"小食"。清朝皇帝依满人传统,也是每天吃两次正餐,即使晚上或者半夜加餐,也较清淡随意。

中医和佛家有过午不食的说法,如果实在饿得厉害,可以吃一些水果或喝一些果汁充饥。这和曾国藩所说"以肉汤炖蔬菜至烂"甚至"专食蔬而不用肉汤"有相通之处。明代著名医家刘纯在《短命条辩》里说:"过饱伤人。饿治百病。"曾国藩深知"脾胃为人后天之本",日常生活中拒绝肥鱼大肉,多以素食和蔬菜为主,并"常食老米粥以疗脾亏"。

在曾国藩看来,夜饭不荤,除却养生的功用,亦可体现其节俭之道,对于今天亦有借鉴意义。

养生篇

谕纪泽 | 养生之道尽其在我，寿命长短尽其在天

字谕纪泽儿：

　　三十日成鸿纲到，接尔八月十六日禀。具悉尔十一后连日患病，十六尚神倦头眩，不知近已全愈否？吾于凡事皆守"尽其在我，听其在天"二语，即养生之道亦然。体强者，如富人因戒奢而益富；体弱者，如贫人因节啬而自全。节啬非独食色之性也，即读书用心，亦宜检约，不使太过。余八本匾中，言养生以少恼怒为本。又尝教尔胸中不宜太苦，须活泼泼地，养得一段生机，亦去恼怒之道也。既戒恼怒，又知节啬，养生之道，已尽其在我者矣。此外寿之长短，病之有无，一概听其在天，不必多生妄想去计较他。凡多服药饵，求祷神祇，皆妄想也。吾于医药、祷祀等事，皆记星冈公之遗训，而稍加推阐，教示后辈。尔可常常与家中内外言之。尔今冬若回湘，不必来徐省问，徐去金陵太远也。朱金权于初十内外回金陵，欲伴尔

回湘。

近日贼犯山东,余之调度,概咨少泉宫保处。澄、沅两叔信附去查阅,不须寄来矣。此嘱。

涤生手示

同治四年九月初一日

【点评】

曾国藩的思想以儒家为主体,又杂以其他各家尤其是老庄思想,将天运与人事联系,理解并运筹命运沉浮,形成了独特的天人观。曾国藩虽然有强烈的天命观,但又有着积极的"尽其在我,听其在天"的人生态度。

曾国藩体质不佳,且军政大事劳心伤神,故后天极为注重养生。饮食上,他主张少食、素食、清淡、夜饭不荤;起居上注重早起,饭后千步走,睡前洗脚;修心上,他注重涵养精神,惩忿窒欲,胸中活泼,养得一段生机。此外他不轻信医药,提倡书法、围棋养生。把自己能做的坚持到底,矢不间断,凡此种种"尽其在我"的后天努力,都成为他应对繁重公务的身体保障。

曾国藩在养生上也贯彻了这种态度,他告诫子孙:"寿之长短,病之有无,一概听其在天,不必多生妄想去计较他。凡多服药饵,求祷神祇,皆妄想也。"帝王欲求长生不老,迷信黄老之术,却不幸殒命者比比皆是,反倒是民间粗茶淡饭无欲无求而长寿者屡见不鲜。

以豁达的态度对待生老病死，可免烦恼忧愁，平日积极保养治病，病来能够坦然对待，顺其自然，反倒可以健康长寿。尽心知性以"知天"，存心养性以"事天"，莫要违背天意逆天而行。不管寿命长短，皆注重修身养性，这才是君子养身立命之道。

谕纪泽、纪鸿 | 在家莳养花竹，出门饱看山水

字谕纪泽、纪鸿儿：

二十六日接纪泽二十日排递之禀，纪鸿初六日舢板带来禀件、衣书，今日派夫往接矣。李老太太病势颇重，近日略愈否？深为系念。泽儿肝气痛病亦全好否？尔不应有肝郁之症。或由元气不足，诸病易生，身体本弱，用心太过。上次函示以节啬之道，用心宜约，尔曾体验否？张文端公（英）所著《聪训斋语》，皆教子之言。其中言养身、择友、观玩山水花竹，纯是一片太和生机，尔宜常常省览。鸿儿体亦单弱，亦宜常看此书。吾教尔兄弟不在多书，但以圣祖之《庭训格言》①（家中尚有数本）、张公之《聪训斋语》（莫宅有之，申夫又刻于安庆）二种为教，句句皆吾肺腑所欲言。

以后在家则莳养②花竹，出门则饱看山水，环金陵百里内外，可以遍游也。算学书切不可再看，读他书亦以半日为率。未刻以后，即宜歇息游观。古人以惩忿窒欲③为养生要诀。惩忿即吾前信所谓少恼怒也，窒欲即吾前信所谓知节啬也。因好名好胜而用心太过，亦欲之类也。药虽有利，害亦随之，不可轻服。切嘱。

此间派队于二十八日出剿，初一二可以见仗。十九日折奉旨留中，暂无寄谕。尔可先告李宫保也。余不多及。

涤生手示
同治四年九月晦日

【注释】

①《庭训格言》：雍正八年，胤禛追述其父康熙帝在日常生活中对诸皇子的训诫所作。全书共二百四十六条，包括读书、修身、为政、待人、敬老、尽孝、驭下以及日常生活中的细微琐事。

②莳养：移植、栽种。

③惩忿窒欲：谓克制愤怒，杜塞情欲。语出《周易·损》："损，君子以惩忿窒欲。"惩，警戒，制止；忿，愤怒；窒，阻塞堵死，抑止；欲，嗜欲。

【点评】

唐诗里说："草木有本心，何求美人折。"周敦颐偏爱莲，因其出淤泥而不染；陶渊明独爱菊，因其不慕荣华；林和靖素称"梅妻鹤子"，因梅暗香浮动，不与百花争春。曾国藩手下大将彭玉麟爱梅，一生画了上万幅梅花图，人称"雪帅"。

孔子强调要"多识鸟兽草木之名"。受曾国藩崇拜的张英曾讲："分花乞竹，不须多费，而自有雅人深致；疏池结篱，不烦华侈，而皆能天然入画。"养花即是养心，养心则能养身。

曾国藩作为中国传统文人，身上也透露着浓厚的山水情怀。他饱览了祖国的大好河山，仅其日记记载就有近两百处。中国文人在山水与人文之间开凿了一条通向自由的通道，山水又反过来潜移默化地滋润着中国文人的品性。

曾国藩攻破南京后，有人认为这是他自立为王的最佳时机。身边人也劝曾国藩造反，但曾国藩用苏轼和王安石的诗写了一副集句联，来表达自己克己修身，不为所动的心迹："倚天照海花无数，流水高山心自知。"

胸有山川沟壑，心系草木苍生，可谓大境界。

致澄弟 | 养生五事

澄弟左右：

五月十八日接弟四月八日信，具悉一切。七十侄女移居县城，长与娘家人相见，或可稍解郁郁之怀。乡间谷价日贱，禾豆畅茂，尤是升平景象，极慰极慰。

此间军事，贼自三月下旬退出曹、郓之境，幸保山东运河以东各属，而仍蹂躏于曹、宋、徐、泗、凤、淮诸府，彼剿此窜，倏往忽来。直至五月下旬，张、牛各股始窜至周家口以西，任、赖各股始窜至太和以西，大约夏秋数月山东、江苏可以高枕无忧，河南、皖、鄂又必手忙脚乱。余拟于数日内至宿迁、桃源一带察看堤墙，即由水路上临淮而至周家口。盛暑而坐小船，是一极苦之事，因陆路多被水淹，雇车又甚不易，不得不改由水程。余老境日逼，勉强支持一年半载，实不能久当大任矣。因思吾兄弟体气皆不甚健，后辈子

侄尤多虚弱，宜于平日讲求养生之法，不可于临时乱投药剂。

养生之法约有五事：一曰眠食有恒，二曰惩忿，三曰节欲，四曰每夜临睡洗脚，五曰每日两饭后各行三千步。惩忿，即余篇中所谓养生以少恼怒为本也。眠食有恒及洗脚二事，星冈公行之四十年，余亦学行七年矣。饭后三千步近日试行，自矢永不间断。弟从前劳苦太久，年近五十，愿将此五事立志行之，并劝沅弟与诸子侄行之。

余与沅弟同时封爵开府，门庭可谓极盛，然非可常恃之道。记得己亥正月，星冈公训竹亭公曰："宽一虽点翰林，我家仍靠作田为业，不可靠他吃饭。"此语最有道理，今亦当守此二语为命脉。望吾弟专在作田上用些工夫，而辅之以"书、蔬、鱼、猪、早、扫、考、宝"八字，任凭家中如何贵盛，切莫全改道光初年之规模。凡家道所以可久者，不恃一时之官爵，而恃长远之家规；不恃一二人之骤发，而恃大众之维持。我若有福罢官回家，当与弟竭力维持。老亲旧眷、贫贱族党不可怠慢，待贫者亦与富者一般，当盛时预作衰时之想，自有深固之基矣。

凯章家事，即照弟信办一札照收。湘军各营俱不在余左右，故每月仅能送信一次，俟至周家口后即送三次可也。余详日记中。顺问近好。沅弟在鄂拆阅，均此。

同治五年六月初五日

【点评】

曾国藩说："余老境日逼，勉强支持一年半载。"考虑到

"吾兄弟体气皆不甚健，后辈子侄尤多虚弱"，在此种情况下，曾国藩提出了著名的"养生五事"。

第一，眠食有恒，即起居饮食有规律。曾国藩一生早起，终身不渝，并把早起视为"千金妙方，长寿金丹"。曾国藩睡得晚，起得早，却精力充沛，归功于他在日记中披露的独特睡眠之道："余少时读书，见先君子于日入之后、灯上之前小睡片刻，夜即精神百倍。余近日亦思法之，日入后于竹床小睡，灯后治事，果觉清爽。余于起居饮食按时按刻，各有常度，一一皆法吾祖、吾父之所为，庶冀不坠家风。"

第二，惩忿，即少生气，要善于排解怒气。曾国藩告诫家人，要懂得"降龙伏虎"，节制血气，遏抑肝火，这也是很多英雄豪杰一生都参不透，或者参透悟透却做不到的事情。

第三，节欲，即节制欲望，学会做减法。老子说："五色令人目盲，五音令人耳聋，五味令人口爽，驰骋田猎令人心发狂，难得之货令人行妨。是以至人为腹不为目，故去彼取此也。"曾国藩一生奉"节劳、节欲、节饮食"为"保身之训"。即劳作不可过度，性欲、物欲、名利欲要有所节制，不能因其炽热放纵，因嗜欲而戕害自己的身体性命。

第四，每夜临睡前洗脚。脚上有多处人身大穴，曾国藩作为文人，习惯坐着看书、写字、办公，血液长期凝在脚下，睡前热水洗脚，可舒筋活血，养生祛乏。

第五，每日两饭后各行三千步。饭后三千步与自古流传的"饭后百步走，活到九十九"是同样的道理。

致澄弟、沅弟 | 养生六事

澄、沅两弟左右：

屡接弟信，并阅弟给纪泽等谕帖，具悉一切。兄以八月十三出省，十月十五日归署，在外匆匆，未得常寄函与弟，深以为歉。小澄生子，岳松入学，是家中近日可庆之事。沅弟夫妇病而速痊，适朱氏侄女生子不育而不甚忧闷，亦属可慰。

吾见家中后辈体皆虚弱，读书不甚长进。曾以养生六事勖①儿辈：一曰饭后千步，一曰将睡洗脚，一曰胸无恼怒，一曰静坐有常时，一曰习射有常时（射足以习威仪，强筋力，子弟宜多习），一曰黎明吃白饭一碗，不沾点菜。此皆闻诸老人，累试毫无流弊者，今亦望家中诸侄试行之。又曾以为学四字勖儿辈：一曰看生书宜求速，不多阅则太陋；一曰温旧书宜求熟，不背诵则易忘；一曰习字宜有恒，不善写则如身之无衣，山之无木；一曰作文宜苦思，不善作则如人之哑不能言，马之跛不能行。四者缺一不可。盖阅历一生，而深知之深悔之者，今亦望家中诸侄力行之。养生与力学，二者兼营并进，则志强而身亦不弱，或是家中振兴之象。两弟如以为然，望常以此教诫子侄为要。

兄在外两月有余，应酬极繁，眩晕、疝气等症幸未复发，脚肿亦因穿洋袜而愈。惟目蒙②日甚，小便太数，衰老相逼，时势当然，无足异也。

聂一峰信来，言其子须明春乃来，又商及送女至粤成婚一层。余复信仍以招赘③为定，但许迟至春间耳。

章合才果为庸才，其军断难得力。刘毅斋则无美不备，将来事业正未可量。其欠饷，余必竭力助之。王辅臣亦庸庸，颇难寻一相宜之差。

东台山为合邑之公地，众人属目，且距城太近，即系佳壤，余亦不愿求之已有，信复树堂矣。

茶叶、蛏干、川笋、酱油均已领到，谢谢！阿兄尚未有一味之甘分与老弟，而弟频致珍鲜，愧甚愧甚。川笋似不及少年乡味，并不及沅六年所送，不知何故？

鸣原堂文，余竟忘所选之为何篇，请弟将目录抄来，兄当选足百篇，以践宿诺。祖父墓表即日必寄去，请沅弟大笔一挥，但求如张石卿壁上所悬之大楷屏（似沅七年所书）足矣，不必谦也。顺问近好。

　　　　　　　　　　　　　　国藩手具
　　　　　　　　　　　　　　同治十年十月二十三日

【注释】

①勖：勉励。

②目蒙：花眼，看不清楚。

③招赘：即招女婿，招人到自己家里做女婿。

【点评】

曾国藩逝世前的四个月，仍不厌其烦地教给两个弟弟养生的道理。

曾国藩身体不好，三十岁时患肺病，几乎不治。中年患癣疾，晚年患肾病、心血管病兼双目白内障，最终于六十二岁死于中风。但他能以一介书生，拖一病弱之躯，读书，做官，写诗文，筹建军队，南征北战，这与他重视养生有极大关系。尽管曾国藩重视养生，但他对寿命却不存妄念，不迷信，认为"寿之长短，病之有无，一概听其在天，不必多生妄想去计较他"。

曾国藩养生讲究身心并治，口体兼防，养生六事的前五条都是经现代医学证明的行之有效的养生之道。最后一条"黎明吃白饭一碗不沾点菜"，其实是一种人格训练，在口味上忍受清淡，人生欲求也会淡很多。内心淡泊，才能做事清醒，抵得住诱惑。